AF080669

www.ingramcontent.com/pod-product-compliance
Lightning Source LLC
LaVergne TN
LVHW010200070526
838199LV00062B/4427
* 9 7 8 9 3 6 9 0 8 1 2 2 6 *

ترجمہ مفہوم القرآن

جلد سوم: سورۃ الانبیاء تا سورۃ فصلت

رفعت اعجاز

مرتبہ: اعجاز عبید

© Taemeer Publications LLC

Tarjuma Mafhoomul Quran : Part-3 *(Quran Translation)*
by: Rif'at Aijaz
Edition: March '2025
Publisher :
Taemeer Publications LLC (Michigan, USA / Hyderabad, India)

ISBN 978-93-6908-122-6

مصنف یا ناشر کی پیشگی اجازت کے بغیر اس کتاب کا کوئی بھی حصہ کسی بھی شکل میں بشمول ویب سائٹ پر اَپ لوڈنگ کے لیے استعمال نہ کیا جائے۔ نیز اس کتاب پر کسی بھی قسم کے تنازع کو نمٹانے کا اختیار صرف حیدرآباد (تلنگانہ) کی عدلیہ کو ہو گا۔

© تعمیر پبلی کیشنز

کتاب	:	**ترجمہ مفہوم القرآن** (حصہ:3)
مصنف	:	**رفعت اعجاز**
تدوین / ترتیب	:	اعجاز عبید
صنف	:	مذہب
ناشر	:	تعمیر پبلی کیشنز (حیدرآباد، انڈیا)
سالِ اشاعت	:	۲۰۲۵ء
صفحات	:	۲۵۰
سرورق ڈیزائن	:	تعمیر ویب ڈیزائن

مفہوم القرآن .....جلد سوم

سورۃ الانبیاء تا سورۃ فصلت

فہرست

۲۱۔ سورۃ الانبیاء 3

۲۲۔ سورزۃ الحج 18

۲۳۔ سورۃ المومون 31

۲۴۔ سورۃ النور 44

۲۵۔ سورۃ الفرقان 57

۲۶۔ سورۃ الشعراء 68

۲۷۔ سورۃ النمل 87

1

۲۸۔ سورۃ القصص	101
۲۹۔ سورۃ العنکبوت	116
۳۰۔ سورۃ الروم	127
۳۱۔ سورۃ لقمان	137
۳۲۔ سورۃ السجدہ	143
۳۳۔ سورۃ الاحزاب	148
۳۴۔ سورۃ السبا	161
۳۵۔ سورۃ فاطر	170
۳۶۔ سورۃ یٰس	178
۳۷۔ سورۃ الصافات	188
۳۸۔ سورۃ صٓ	202
۳۹۔ سورۃ الزمر	212
۴۰۔ سورۃ غافر	224
۴۱۔ سورۃ فصلت / حم سجدہ	237

۲۱۔ سورۃ الانبیاء

۱.		لوگوں کے حساب کا وقت ان کے قریب آگیا ہے اور وہ غفلت میں پڑے اس سے منہ پھیر رہے ہیں۔

۲.		ان کے پاس کوئی نئی نصیحت ان کے رب کی طرف سے نہیں آتی مگر وہ اسے کھیلتے ہوئے سنتے ہیں۔

۳.		ان کے دل غفلت میں پڑے ہوئے ہیں اور ظالم لوگ آپس میں چپکے چپکے باتیں کرتے ہیں کہ یہ شخص کچھ بھی نہیں مگر تمہارے جیسا آدمی ہے تو تم آنکھوں دیکھتے جادو کی لپیٹ میں کیوں آتے ہو۔

۴.		پیغمبر نے کہا کہ جو بات آسمانوں اور زمین میں کہی جاتی ہے میرا رب اسے جانتا ہے اور وہ سننے والا جاننے والا ہے۔

۵.		بلکہ وہ کہنے لگے کہ یہ (قرآن) پریشان خواب ہیں۔ نہیں، بلکہ اس نے ان کو اپنی طرف سے بنا لیا ہے۔ نہیں، بلکہ وہ شاعر ہے تو جیسے پہلے پیغمبر نشانیاں دے کر بھیجے گئے تھے اسی طرح یہ بھی ہمارے پاس کوئی نشانی لائے۔

٦. ان سے پہلے جن بستیوں کو ہم نے ہلاک کیا وہ ایمان نہیں لاتی تھیں تو کیا یہ ایمان لے آئیں گے۔

٧. اور ہم نے تم سے پہلے مرد ہی پیغمبر بنا کر بھیجے جن کی طرف ہم وحی بھیجتے تھے۔ اگر تم نہیں جانتے تو جو یاد رکھتے ہیں ان سے پوچھ لو۔

٨. اور ہم نے ان کے ایسے جسم نہیں بنائے تھے کہ کھانا نہ کھائیں اور نہ وہ ہمیشہ رہنے والے تھے۔

٩. پھر ہم نے ان کے بارے میں اپنا وعدہ سچا کر دیا۔ تو ان کو اور جس کو چاہا نجات دی اور حد سے نکل جانے والوں کو ہلاک کر دیا۔

١٠. ہم نے تمہاری طرف ایسی کتاب نازل کی ہے. جس میں تمہارا تذکرہ ہے کیا تم نہیں سمجھتے؟۔

١١. اور ہم نے بہت سی بستیوں کو جو گمراہ (ستم گار) تھیں ہلاک کر دیا ان کے بعد اور لوگ پیدا کر دیے۔

١٢. جب انہوں نے ہمارے عذاب کے آثار دیکھے تو لگے بھاگنے۔

١٣. مت بھاگو اور جن نعمتوں میں تم عیش و آرام کرتے تھے ان کی اور اپنے گھروں کی طرف لوٹ جاؤ شاید تم سے اس بارے میں دریافت کیا جائے۔

١٤. کہنے لگے ہائے شامت بیشک ہم ظالم تھے۔

۱۵.	تو وہ ہمیشہ اسی طرح پکارتے رہے یہاں تک کہ ہم نے ان کو کھیتی کی طرح کاٹ کر اور آگ کی طرح بجھا کر ڈھیر کر دیا۔

۱۶.	اور ہم نے آسمان اور زمین کو اور جو مخلوقات ان دونوں کے درمیان میں ہے سب کھیل تماشہ کے لیے پیدا نہیں کیا۔

۱۷.	اگر ہم چاہتے کہ کھیل کی چیزیں (یعنی عورت اور فرزند) بنائیں اور اگر ہم کو کرنا ہی ہوتا تو ہم اپنے پاس سے بنا لیتے۔

۱۸.	نہیں بلکہ ہم حق کو باطل پر کھینچ مارتے ہیں تو وہ اس کا سر توڑ دیتا ہے اور جھوٹ اسی وقت مٹ جاتا ہے اور جو باتیں تم بناتے ہو ان سے تمہاری ہی خرابی ہے۔

۱۹.	اور جو لوگ آسمانوں میں اور زمین میں ہیں سب اسی کی ملکیت اور اسی کا مال ہیں اور جو فرشتے اس کے پاس ہیں وہ اس کی عبادت سے نہ تھکتے ہیں نہ اکتاتے ہیں۔

۲۰.	رات دن اس کی تسبیح کرتے رہتے ہیں نہ تھکتے ہیں نہ تھمتے ہیں۔

۲۱.	بھلا لوگوں نے جو زمین کی چیزوں سے بعض کو معبود بنا لیا ہے تو کیا وہ ان کو مرنے کے بعد اٹھا کھڑا کریں گے؟۔

۲۲.	اگر آسمان اور زمین میں اللہ کے سوا اور معبود ہوتے تو زمین و آسمان درہم برہم ہو جاتے پس اللہ تعالیٰ عرش کا رب اس سے پاک ہے جو وہ بیان کرتے ہیں۔

۲۳. وہ جو کام کرتا ہے اس کی اس سے پوچھ نہیں ہوگی اور جو کام یہ لوگ کرتے ہیں اس کی ان سے پرسش ہوگی۔

۲۴. کیا لوگوں نے اللہ کو چھوڑ کر اور معبود بنا لیے ہیں کہہ دو کہ اس بات پر اپنی دلیل پیش کرو۔ یہ ذکر (قرآن) ان کے لیے نصیحت ہے جو میرے ساتھ ہیں اور یہ ذکر (تورات و انجیل وغیرہ) ان کے لیے بھی جو مجھ سے پہلے تھے بلکہ بات یہ ہے کہ ان میں سے اکثر حق بات کو نہیں جانتے اور اس لیے اس سے منہ پھیر لیتے ہیں۔

۲۵. اور جو پیغمبر ہم نے تم سے پہلے بھیجے تھے ان کی طرف یہی وحی بھیجی کہ میرے سوا کوئی معبود نہیں تو میری ہی عبادت کرو۔

۲۶. اور کہتے ہیں کہ اللہ بیٹا رکھتا ہے۔ وہ پاک ہے (اس کے نہ بیٹا ہے نہ بیٹی) بلکہ (جن کو یہ لوگ اس کے بیٹے بیٹیاں سمجھتے ہیں) وہ اس کے عزت والے بندے ہیں

۲۷. وہ اس کے سامنے بڑھ کر بول نہیں سکتے اور اس کے حکم پر عمل کرتے ہیں۔

۲۸. جو کچھ ان کے آگے ہو چکا اور جو کچھ پیچھے ہوگا وہ سب سے واقف ہے اور وہ اس کے پاس کسی کی سفارش نہیں کر سکتے مگر اس شخص کی جس سے اللہ خوش ہو اور وہ اس کی ہیبت سے ڈرتے رہتے ہیں۔

۲۹. اور جو شخص ان میں سے یہ کہے کہ اللہ کے سوا میں معبود ہوں تو اسے ہم دوزخ کی سزا دیں گے اور ظالموں کو ہم ایسی ہی سزا دیا کرتے ہیں۔

۳۰. کیا کافروں نے نہیں دیکھا کہ آسمان اور زمین دونوں ملے ہوئے تھے تو ہم نے جدا جدا کر دیا اور تمام جاندار چیزیں ہم نے پانی سے بنائیں پھر یہ لوگ ایمان کیوں نہیں لاتے۔

۳۱. اور ہم نے زمین میں پہاڑ بنائے تاکہ وہ لوگوں کے بوجھ سے ہلنے اور جھکنے نہ لگے اور اس میں کشادہ رستے بنائے تاکہ لوگ ان پر چلیں۔

۳۲. اور آسمان کو محفوظ چھت بنایا اس پر بھی وہ ہماری نشانیوں سے منہ پھیر رہے ہیں۔

۳۳. اور وہی تو ہے جس نے رات اور دن سورج اور چاند کو بنایا یہ سب (اپنے اپنے) مدار میں تیر رہے ہیں۔

۳۴. اور اے پیغمبر ہم نے تم سے پہلے کسی آدمی کو ہمیشہ زندہ نہیں رکھا۔ بھلا اگر تم مر جاؤ تو کیا یہ لوگ ہمیشہ رہیں گے۔

۳۵. ہر جاندار کو موت کا مزہ چکھنا ہے اور ہم تم لوگوں کو سختی اور آسائش میں آزمائش کے طور پر مبتلا کرتے ہیں اور تم ہماری طرف ہی لوٹ کر آؤ گے۔

۳۶. اور جب کافر تم کو دیکھتے ہیں تو تم سے ہنسی مذاق کرتے ہیں کہ کیا یہی شخص ہے جو تمہارے معبودوں کا ذکر (برائی سے) کیا کرتا ہے؟ حالانکہ وہ خود رحمٰن کے نام سے منکر ہیں۔

۳۷.　(انسان کچھ ایسا جلد باز ہے) گویا انسان جلد بازی ہی سے بنایا گیا ہے۔ میں عنقریب تمہیں اپنی نشانیاں دکھاؤں گا تو تم جلدی نہ کرو۔

۳۸.　اور کہتے ہیں اگر تم سچے ہو تو جس عذاب کا آپ کہتے ہیں وہ کب آئے گا؟۔

۳۹.　اگر یہ منکر لوگ اس وقت کو جان لیں جب وہ نہ اپنے منہ کے سامنے سے آگ کو روک سکیں گے نہ اپنی پیٹھ کے پیچھے سے اور نہ کوئی ان کا مددگار ہو گا۔

۴۰.　بلکہ قیامت اچانک ان پر آوارد ہو گی اور ان کے ہوش کھو دے گی پھر نہ وہ اسے روک سکیں گے اور نہ ان کو مہلت دی جائے گی۔

۴۱.　اور تم سے پہلے بھی رسولوں کے ساتھ ٹھٹھے ہو چکے ہیں۔ تو جو لوگ ان میں سے تمسخر کیا کرتے تھے ان کو اسی عذاب نے جس کی ہنسی اڑاتے تھے، آگھیرا۔

۴۲.　کہو کہ رات اور دن میں (اللہ کے غضب) سے تمہیں کون بچاتا ہے؟ اصل میں وہ اپنے رب کے ذکر سے منہ پھیرتے ہیں۔

۴۳.　کیا ہمارے سوا ان کے اور معبود ہیں جو ان کو مصائب سے بچا سکیں وہ تو اپنی مدد بھی نہیں کر سکتے اور نہ ہم سے بچانے کے لیے کوئی ان کی مدد کر سکے گا۔

۴۴.　بلکہ ہم نے انہیں اور ان کے باپ داداؤں کو عیش دیا یہاں تک کہ اسی حالت میں ان کی عمریں بسر ہو گئیں۔ کیا یہ نہیں دیکھتے کہ ہم زمین کو اس کے کناروں سے گھٹاتے چلے آرہے ہیں۔ تو کیا یہ لوگ غلبہ پانے والے ہیں۔

۴۵.	کہہ دو کہ میں تم کو حکم الٰہی کے مطابق نصیحت کرتا ہوں اور بہروں کو جب نصیحت کی جائے تو وہ پکار کو سنتے ہی نہیں۔

۴۶.	اگران کو تمہارے رب کا تھوڑا سا عذاب بھی پہنچے تو کہنے لگیں کہ ہائے کمبختی ہم بیشک گنہگار تھے۔

۴۷.	اور ہم قیامت کے دن انصاف کا ترازو رکھیں گے تو کسی شخص کی ذرا بھی حق تلفی نہ کی جائے گی اور اگر رائی کے دانے کے برابر بھی کسی کا عمل ہو گا تو ہم اس کو سامنے لائیں گے اور ہم حساب کرنے کو کافی ہیں۔

۴۸.	اور ہم نے موسیؑ اور ہارونؑ کو ہدایت اور گمراہی میں فرق کر دینے والی روشنی اور نصیحت کی کتاب عطا کی پرہیز گاروں کیلیئے۔

۴۹.	جو بغیر دیکھے ہوئے اپنے رب سے ڈرتے ہیں اور قیامت سے خوف کھاتے ہیں۔

۵۰.	یہ مبارک نصیحت ہے جسے ہم نے نازل فرمایا ہے تو کیا تم اس سے انکار کرتے ہو۔؟

۵۱.	اور ہم نے ابراہیمؑ کو پہلے ہی سے ہدایت دی تھی اور ہم ان کے حال سے واقف تھے۔

۵۲.	جب انہوں نے اپنے باپ اور اپنی قوم سے کہا یہ کیسی مورتیں ہیں جن پر تم بندگی کے لیے جمے بیٹھے ہو۔

۵۳. وہ کہنے لگے کہ ہم نے اپنے باپ دادا کو ان کی پوجا کرتے دیکھا ہے۔

۵۴. ابراہیمؑ نے کہا کہ تم بھی گمراہ اور تمہارے باپ دادا بھی کھلی گمراہی میں پڑے رہے۔

۵۵. وہ بولے کیا تم ہمارے پاس واقعی حق لائے ہو؟ یا ہم سے کھیل کی باتیں کرتے ہو؟

۵۶. ابراہیمؑ نے کہا نہیں بلکہ تمہارا رب آسمانوں اور زمین کا پروردگار ہے. جس نے ان کو پیدا کیا میں اس بات کا گواہ ہوں۔

۵۷. اور اللہ کی قسم جب تم پیٹھ پھیر کر چلے جاؤ گے تو میں تمہارے بتوں کا علاج کروں گا۔

۵۸. پھر ان کو توڑ کر ریزہ ریزہ کر دیا مگر ایک بڑے بت کو نہ توڑا تاکہ وہ اس کی طرف رجوع کریں۔

۵۹. کہنے لگے ہمارے معبودوں کے ساتھ یہ معاملہ کس نے کیا؟ وہ تو ظالم ہے۔

۶۰. لوگوں نے کہا ہم نے ایک جوان کو ان کا ذکر کرتے ہوئے سنا ہے اسے ابراہیمؑ کہتے ہیں۔

۶۱. وہ بولے کہ اسے لوگوں کے سامنے لاؤ تاکہ گواہ رہیں۔

۶۲. جب ابراہیمؑ آئے تو انہوں (بت پرستوں) نے کہا کہ اے ابراہیمؑ! بھلا ہمارے معبودوں کے ساتھ یہ کام تم نے کیا ہے؟

۶۳. ابراہیمؑ نے کہا بلکہ یہ تو ان کے اس بڑے بت نے کیا ہوگا اگر یہ بولتے ہیں تو ان سے پوچھ لو؟

۶۴. پھر اپنے دل میں سوچنے لگے اور پھر بولے لوگو! تم ہی بے انصاف ہو۔

۶۵. پھر شرمندہ ہو کر سر جھکا لیے اور پھر بولے تو تو جانتا ہے یہ بولتے نہیں۔

۶۶. ابراہیمؑ نے کہا کہ پھر تم اللہ کو چھوڑ کر ایسی چیزوں کو کیوں پوجتے ہو جو تمہیں نہ کچھ فائدہ دے سکتی ہیں اور نہ نقصان پہنچا سکتی ہیں؟۔

۶۷. تف ہے تم پر اور ان پر جنہیں تم اللہ کے سوا پوجتے ہو کیا تم عقل نہیں رکھتے؟۔

۶۸. تب وہ کہنے لگے کہ اگر تمہیں اس سے اپنے معبودوں کا بدلہ لینا ہے تو اس کو جلا ڈالو اور اپنے معبودوں کی مدد کرو۔

۶۹. کہا ہم نے اے آگ! ٹھنڈی اور آرام دہ ہو جا ابراہیمؑ کے لیے۔

۷۰. ان لوگوں نے برا تو ان کا چاہا تھا مگر ہم نے انہی کو نقصان میں ڈال دیا۔

۷۱. ابراہیمؑ اور لوطؑ کو اس سرزمین کی طرف بچا نکالا جس میں ہم نے اہل عالم کے لیے برکت رکھی تھی۔

۷۲. اور ہم نے ابراہیمؑ کو اسحاقؑ عطا کیے اور یعقوبؑ انعام میں اور سب کو نیک کیا۔

۷۳. اور ان کو پیشوا بنایا کہ ہمارے حکم سے ہدایت کرتے تھے ان کو نیک کام کرنے نماز قائم کرنے اور زکوٰۃ دینے کا حکم بھیجا اور وہ ہماری عبادت کیا کرتے تھے۔

۷۴. اور لوطؑ (کا قصہ یاد کرو جب ان) کو ہم نے حکمت اور علم عطا فرمایا اور اس کو اس بستی سے بچا نکالا جو گندے کام کرتی تھی اور وہ لوگ برے اور نافرمان تھے۔

۷۵. اور ہم نے اسے اپنی رحمت میں لے لیا وہ نیک بختوں میں سے ہے۔

۷۶. اور نوحؑ نے ان سے پہلے ہمیں پکارا تو ہم نے اس کی دعا قبول کرلی ان کو اور ان کے ساتھیوں کو بڑی گھبراہٹ سے نجات دی۔

۷۷. اور جو لوگ ہماری آیتوں کو جھٹلاتے تھے درحقیقت وہ برے لوگ تھے سو ہم نے ان سب کو غرق کردیا۔

۷۸. اور داوٗدؑ و سلیمانؑ۔ (کا حال بھی سن لو کہ) جب وہ ایک کھیتی کے مقدمہ کا فیصلہ کرنے لگے جس میں کچھ لوگوں کی بکریاں رات کو چر گئیں اور اسے روند گئی تھیں اور ہم ان کے فیصلہ کے وقت موجود تھے۔

۷۹. تو ہم نے فیصلہ کرنے کا طریقہ سلیمانؑ کو سمجھا دیا اور ہم نے دونوں کو حکمت و نبوت اور علم بخشا تھا اور ہم نے پہاڑوں کو داوٗدؑ کا تابع کردیا تھا کہ ان کے ساتھ تسبیح کرتے تھے اور پرندوں کو بھی مسخر کردیا تھا اور ہم ہی ایسا کرنے والے تھے۔

۸۰. اور ہم نے اسے تمہارے لیے ایک طرح کی زرہ بنانی بھی سکھا دی تاکہ تم کو لڑائی کے ضرر سے بچائے پس تم کو شکر گزار ہونا چاہیے۔

۸۱. اور ہم نے تیز ہوا سلیمانؑ کے تابع کر دی تھی جو ان کے حکم سے اس ملک میں چلتی تھی جس میں ہم نے برکت دی تھی (یعنی شام) اور ہم ہر چیز سے خبردار ہیں۔

۸۲. اور شیطانوں کی جماعت کو بھی ان کے تابع کر دیا تھا کہ ان میں سے بعض ان کے لیے غوطے مارتے تھے اس کے سوا اور کام بھی کرتے تھے اور ہم ان کے نگہبان تھے۔

۸۳. اور ایوبؑ نے جب اپنے رب سے دعا کی کہ مجھ پر تکلیف پڑی ہے اور تو سب سے بڑھ کر رحم کرنے والا ہے۔

۸۴. تو ہم نے ان کی دعا قبول کر لی اور ان کو جو تکلیف تھی دور کر دی اور ان کو بال بچے بھی دیئے اور اپنی مہربانی سے ان کے ساتھ اتنے ہی اور دیے اور عبادت کرنے والوں کے لیے یہ نصیحت ہے۔

۸۵. اور اسمعیلؑ اور ادریسؑ اور ذوالکفل کو (بھی یاد کرو) یہ سب صبر کرنے والے تھے۔

۸۶. اور ہم نے ان کو اپنی رحمت میں داخل کیا بیشک وہ نیک بختوں میں ہیں۔

۸۷.	اور مچھلی والے (یونسؑ) جب وہ اپنی قوم سے ناراض ہو کر غصہ کی حالت میں چل دیے اور خیال کیا کہ ہم ان پر تنگی نہیں کریں گے آخر اندھیرے میں اللہ کو پکارنے لگے : تیرے سوا کوئی معبود نہیں تو پاک ہے اور بیشک میں قصوروار ہوں۔

۸۸.	تو ہم نے ان کی دعا قبول کرلی اور ان کو غم میں نجات بخشی اور ایمان والوں کو ہم اسی طرح نجات دیا کرتے ہیں۔

۸۹.	اور زکریاؑ نے جب اپنے رب کو پکارا کہ اے رب! مجھے اکیلا نہ چھوڑ اور تو سب سے بہتر وارث ہے۔

۹۰.	تو ہم نے ان کی پکار سن لی اور ان کو یحییٰ بخشے اور ان کی بیوی کو اولاد کے قابل بنا دیا یہ لوگ لپک لپک کر نیکیاں کرتے ہمیں امید اور خوف سے پکارتے اور ہمارے آگے عاجزی کیا کرتے تھے۔

۹۱.	اور (ان مریم کو بھی یاد کرو) جنہوں نے اپنی عفت کو محفوظ رکھا تو ہم نے ان میں اپنی روح پھونک دی ان کو اور ان کے بیٹے کو اہل عالم (دنیا والوں) کے لیے نشانی بنا دیا۔

۹۲.	یہ تمہاری جماعت ایک ہی جماعت ہے اور میں تمہارا رب ہوں تو میری ہی عبادت کیا کرو۔

۹۳.	اور لوگوں نے اپنا کام آپس میں ٹکڑے ٹکڑے کرلیا مگر سب ہمارے ہی پاس لوٹ کر آئیں گے۔

۹۴.	جو نیک کام کرے گا اور مومن بھی ہو گا تو اس کی کوشش ضائع نہ جائے گی اور ہم اسے لکھ لیتے ہیں۔

۹۵.	اور ہر بستی پر لازم ہو چکا جسے ہم نے غارت کر دیا دوبارہ پھر نہ آئیں گے۔

۹۶.	یہاں تک کہ یاجوج اور ماجوج کھول دیے جائیں اور وہ ہر بلندی سے دوڑ رہے ہوں گے۔

۹۷.	اور قیامت کا سچا وعدہ قریب آجائے گا تو پھر کفار کی آنکھیں کھلی کی کھلی رہ جائیں گی اور کہنے لگیں گے کہ ہائے کم بختی ہماری ہم اس سے بےخبر رہے بلکہ ہم قصوروار تھے۔

۹۸.	کافرو! اس روز تم اور جن کی تم عبادت کرتے ہو دوزخ کا ایندھن ہو گے اور تم سب اس میں داخل ہو کر رہو گے۔

۹۹.	اگر یہ لوگ دراصل معبود ہوتے تو اس میں داخل نہ ہوتے سب اس میں ہمیشہ جلتے رہیں گے۔

۱۰۰.	ان کے لیے وہاں چلانا ہے اور وہ اس میں کچھ نہ سنیں گے۔

۱۰۱.	جن لوگوں کے لیے ہماری طرف سے پہلے بھلائی مقرر ہو چکی ہے وہ اس سے دور رکھے جائیں گے۔

۱۰۲.	یہاں تک کہ وہ اس کی آواز تک بھی نہ سنیں گے اور جو کچھ ان کا جی چاہے گا اس میں ہر طرح کے عیش و آرام میں ہمیشہ کے لیے رہیں گے۔

۱۰۳.	اس بڑی گھبراہٹ میں ان کو غم نہ ہوگا اور فرشتے ان کو لینے آئیں گے اور کہیں گے کہ یہی وہ دن ہے۔ جس کا تم سے وعدہ کیا گیا تھا۔

۱۰۴.	جس دن ہم آسمان کو اس طرح لپیٹ لیں گے جیسے خطوں کا طومار لپیٹ لیتے ہیں جس طرح ہم نے کائنات کو پہلے پیدا کیا تھا اسی طرح دوبارہ پیدا کر دیں گے یہ وعدہ ہے۔ جس کا پورا کرنا ضروری ہے اور ہم ایسا ضرور کرنے والے ہیں۔

۱۰۵.	اور ہم نے نصیحت کی کتاب (یعنی) زبور میں لکھ دیا تھا کہ میرے نیک بندے ملک کے وارث ہوں گے

۱۰۶.	عبادت کرنے والے لوگوں کے لیے اس میں اللہ کے حکموں کی وضاحت ہے۔

۱۰۷.	اور (اے محمدؐ!) ہم نے آپ کو تمام جہانوں کے لیے رحمت بنا کر بھیجا ہے۔

۱۰۸.	فرما دیں کہ مجھ پر اللہ کی طرف سے یہ وحی آتی ہے کہ تم سب کا معبود اللہ واحد ہے تو کیا تم فرمانبرداری کرنے والے ہو۔

۱۰۹.	اگر یہ لوگ منہ پھیریں تو فرما دو کہ میں نے تم کو دونوں طرف کی برابر خبر کر دی ہے۔ اور میں نہیں جانتا کہ جس بات کا وعدہ تم سے کیا گیا ہے وہ قریب ہے یا دور ہے۔

۱۱۰.	جو بات پکار کر کی جائے وہ اسے جانتا ہے اور جو تم پوشیدہ کرتے ہو اس سے بھی وہ واقف ہے۔

۱۱۱.	اور میں نہیں جانتا شاید وہ تمہارے لیے آزمائش ہو اور ایک مدت تک فائدہ ہو۔

۱۱۲. پیغمبر نے کہا اے رب فیصلہ کر انصاف سے اور ہمارا رب بڑا مہربان ہے اسی سے ان باتوں پر جو تم بیان کرتے ہو مدد مانگی جاتی ہے۔

۲۲۔ سورۃ الحج

۱۔ لوگو! اپنے رب سے ڈرو کہ قیامت کا زلزلہ ایک بہت بڑا واقعہ ہے۔

۲۔ جس دن اسے دیکھو گے ہر دودھ پلانے والی اپنے دودھ پیتے بچے کو بھول جائے گی اور ہر حمل والی اپنا حمل گرا دے گی اور آپ لوگوں کو نشے میں دیکھیں گے حالانکہ وہ نشے میں نہ ہوں گے لیکن اللہ کا عذاب سخت ہے۔

۳۔ اور بعض لوگ ایسے ہیں جو بغیر کچھ جانے بوجھے اللہ کی شان میں جھگڑتے اور سرکش شیطان کی پیروی کرتے ہیں۔

۴۔ جس کے بارے میں لکھ دیا گیا ہے کہ جو اسے دوست رکھے گا وہ اسے گمراہ کر دے گا اور دوزخ کے عذاب کا رستہ دکھائے گا۔

۵۔ لوگو! اگر تمہیں مرنے کے بعد زندہ ہونے میں کچھ شک ہو تو ہم نے تمہیں مٹی سے پیدا کیا پھر اس سے نطفہ بنا کر پھر اس سے خون کا لوتھڑا بنا کر پھر اس سے بوٹی بنا کر جس کا نقشہ کامل بھی ہوتا ہے اور ناقص بھی تاکہ تم پر واضح کر دیں۔ اور ہم جس کو چاہتے ہیں ایک مقرر میعاد تک رحم میں ٹھہرائے رکھتے ہیں پھر تم کو بچہ بنا کر نکالتے ہیں۔ پھر تم جوانی کو پہنچتے

ہو اور بعض مر جاتے ہیں اور بعض نکمی عمر تک پہنچا دیے جاتے ہیں کہ بہت کچھ جاننے کے بعد بالکل بے علم ہو جاتے ہیں۔ (یعنی) بھول جاتے ہیں بڑھاپے کی وجہ سے اور اے دیکھنے والے! تو دیکھتا ہے کہ ایک وقت میں زمین خشک پڑی ہوتی ہے پھر جب ہم اس پر مینہ برساتے ہیں تو وہ سر سبز ہو جاتی ہے ابھرنے لگتی ہے اور طرح طرح کی بارونق چیزیں اگاتی ہے۔

۶. ان قدرتوں سے ظاہر ہوتا ہے کہ اللہ ہی قادر مطلق ہے جو برحق ہے اور یہ کہ وہ مردوں کو زندہ کر دیتا ہے اور یہ کہ وہ ہر چیز پر قدرت رکھتا ہے۔

۷. اور بیشک قیامت آنے والی ہے اس میں کچھ شک نہیں اور یہ کہ اللہ ان تمام لوگوں کو جو قبروں میں ہیں جلا اٹھائے گا۔

۸. اور لوگوں میں کوئی ایسا بھی ہے جو اللہ کی شان میں بغیر جانے ہوئے بغیر ہدایت کے اور بغیر روشن کتاب پڑھنے کے جھگڑتا ہے۔

۹. اور تکبر سے منہ موڑلیتا ہے تاکہ لوگوں کو اللہ کے رستے سے گمراہ کر دے اس کے لیے دنیا میں ذلت ہے اور قیامت کے دن ہم اسے آگ کے سخت عذاب کا مزہ چکھائیں گے۔

۱۰. اے سرکش! یہ اس کفر کی سزا ہے جو تیرے ہاتھوں نے آگے بھیجا ہے اور اللہ اپنے بندوں پر ظلم کرنے والا نہیں۔

۱۱.	اور لوگوں میں کوئی ایسا بھی ہے جو کنارے پر کھڑا ہو کر (شک و شبہ میں) اللہ کی عبادت کرتا ہے اگر اس کو کوئی دنیاوی فائدہ پہنچے تو مطمئن ہو جائے اور اگر کوئی آفت آپڑے تو منہ کے بل لوٹ جائے (اللہ سے منکر ہو جائے) (یعنی) پھر کافر ہو جائے تو اس نے دنیا میں بھی نقصان اٹھایا اور آخرت میں بھی یہی صریح نقصان ہے۔

۱۲.	یہ اللہ کے سوا ایسی چیز کو پکارتا ہے جو نہ اسے نقصان پہنچائے اور نہ فائدہ دے سکے یہی تو حد درجہ کی گمراہی ہے۔

۱۳.	بلکہ ایسے شخص کو پکارتا ہے جس کا نقصان فائدہ سے زیادہ قریب ہے ایسا دوست بھی برا اور ایسا ساتھی بھی برا۔

۱۴.	جو لوگ ایمان لائے اور نیک عمل کرتے رہے اللہ ان کو بہشتوں میں داخل کرے گا جن کے نیچے نہریں بہہ رہی ہیں۔ کچھ شک نہیں کہ اللہ جو چاہتا ہے کرتا ہے۔

۱۵.	جو شخص یہ گمان یقیناً کرتا ہو کہ اللہ اس کو دنیا و آخرت میں مدد نہیں دے گا تو اس کو چاہیے کہ اوپر کی طرف ایک رسی باندھے پھر اس سے اپنا گلا گھونٹ لے اب دیکھے کہ اس کی تدبیر سے اس کا غصہ کچھ جاتا رہا۔

۱۶.	اور اسی طرح ہم نے اس قرآن کو اتارا ہے جس کی تمام باتیں کھلی ہوئی ہیں اور اللہ جس کو چاہتا ہے ہدایت دیتا ہے۔

۱۷.	جو لوگ مومن ہیں یہودی صابی نصاریٰ مجوسی اور مشرک ان سب کے درمیان اللہ قیامت کے دن فیصلہ کردے گا۔ بیشک اللہ ہر چیز سے باخبر ہے۔

۱۸.	کیا تم نے نہیں دیکھا جو مخلوق آسمانوں میں ہے اور جو زمین میں ہے سورج چاند ستارے پہاڑ درخت چارپائے اور بہت سے انسان اللہ کو سجدہ کرتے ہیں اور بہت سے ایسے ہیں جن پر عذاب ثابت ہو چکا ہے۔ اور جس شخص کو اللہ ذلیل کرے اس کو کوئی عزت دینے والا نہیں۔ بیشک اللہ جو چاہتا ہے کرتا ہے۔

۱۹.	یہ دو فریق کہ جھگڑتے ہیں اپنے رب کے بارے میں تو جو کافر ہیں ان کے لیے آگ کے کپڑے قطع کیے جائیں گے اور ان کے سروں پر جلتا ہوا پانی ڈالا جائے گا۔

۲۰.	اس سے ان کے پیٹ اندر سے سب پگھل کر نکل جائے گا اور کھال بھی گل جائے گی۔

۲۱.	اور ان کے لیے لوہے کے گرز ہوں گے۔

۲۲.	جب وہ گھٹن کی وجہ سے وہاں سے نکلنا چاہیں گے تو پھر ڈال دیے جائیں گے اور کہا جائے گا کہ جلنے کے عذاب کا مزہ چکھتے رہو۔

۲۳.	جو لوگ ایمان لائے اور نیک کام کرتے رہے اللہ ان کو بہشتوں میں داخل کرے گا جن کے نیچے نہریں بہہ رہی ہیں۔ وہاں ان کو سونے کے کنگن پہنائے جائیں گے اور موتیوں کے ہار اور وہاں ان کا لباس ریشمی ہوگا۔

۲۴۔ اور ان کو پاکیزہ کلام کی ہدایت کی گئی اور تعریف والے اللہ کی راہ بتائی گئی ۔

۲۵۔ بیشک وہ لوگ جو کافر ہیں اور لوگوں کو اللہ کی راہ سے روکتے ہیں اور مسجد الحرام سے منع کرتے ہیں جسے ہم نے لوگوں کے لیے یکساں عبادت گاہ بنایا ہے لوگوں کے لیے چاہے وہاں کے رہنے والے ہوں یا باہر سے آنے والے ہوں اور جو اس میں شرارت سے ٹیڑھی راہ چاہے اس کو ہم درد ناک عذاب کا مزہ چکھائیں گے ۔

۲۶۔ ہم نے ابراہیمؑ کے لیے اس گھر کی جگہ ٹھیک کر دی ۔ کہ میرے ساتھ کسی چیز کو شریک نہ کرنا طواف کرنے قیام رکوع اور سجدہ کرنے والوں کے لیے میرے گھر کو پاک صاف رکھ ۔

۲۷۔ اور لوگوں میں حج کا اعلان کر دو ۔ لوگ تمہارے پاس چلے آئیں گے پیدل بھی اور دبلی پتلی اونٹنیوں پر بھی جو دور دراز راستوں سے پہنچتی ہوں گی ۔

۲۸۔ تاکہ اپنے فائدے کے کاموں کے لیے حاضر ہوں اور مقررہ دنوں میں مویشیوں پر (ذبح کے وقت) اللہ کا نام لیں جو اللہ نے ان کو عطا کیے ہیں ۔ اس میں سے تم بھی کھاؤ اور فقیر و مسکین کو بھی کھلاؤ ۔

۲۹۔ پھر چاہیے کہ لوگ اپنا میل کچیل دور کریں اور نذریں پوری کریں اور اس قدیم گھر کا طواف کریں

22

۳۰. اور جو شخص اللہ تعالیٰ کی مقرر کردہ ادب کی باتوں کا خیال رکھے تو یہ اللہ کے نزدیک اس کے لیے بہتر ہے۔ اور تمہارے لیے مویشی حلال کر دیے گئے ہیں سوائے ان کے جو تمہیں پڑھ کر سنائے جاتے ہیں۔ بس بتوں کی گندگی سے بچو اور جھوٹی باتوں سے پرہیز کرو۔

۳۱. صرف ایک اللہ کے ہو کر اور اس کے ساتھ کسی کو شریک نہ ٹھہرا اور جو شخص اللہ کے ساتھ کسی کو شریک ٹھہرائے تو گویا وہ ایسا ہے جیسے آسمان سے گر پڑے اور اس کو مردار خور پرندے اچک کر لے جائیں یا ہوا کسی دور جگہ اڑا کر پھینک دے۔

۳۲. یہ ہمارا حکم ہے اور جو شخص ادب کی چیزوں کا احترام کرے جو اللہ نے مقرر کر رکھی ہیں تو یہ کام دلوں کی پاکیزگی میں سے ہے۔

۳۳. ان میں ایک وقت مقرر تک تمہارے لیے فائدے ہیں پھر ان کو قدیمی گھر تک پہنچنا اور ذبح ہونا ہے۔

۳۴. اور ہم نے ہر ایک امت کے لیے قربانی کا طریقہ مقرر کر دیا ہے تاکہ جو مویشی چار پائے اللہ نے ان کو دیے ہیں ان کو ذبح کرنے کے وقت ان پر اللہ کا نام لیں سو تمہارا معبود ایک ہی ہے تو اسی کے فرمانبردار ہو جاؤ اور عاجزی کرنے والوں کو خوشخبری سنا دو۔

۳۵. یہ وہ لوگ ہیں کہ جب اللہ کا نام لیا جاتا ہے تو ان کے دل ڈر جاتے ہیں اور جب ان پر مصیبت پڑتی ہے تو صبر کرتے ہیں اور نماز قائم کرتے ہیں اور جو مال ہم نے ان کو دیا ہے اس میں سے نیک کاموں میں خرچ کرتے ہیں۔

۳۶۔ اور قربانی کے اونٹوں کو بھی ہم نے تمہارے لیے شعائر الٰہی مقرر کیا ہے۔ ان میں تمہارے لیے فائدے ہیں تو قربانی کرنے کے وقت قطار باندھ کر ان پر اللہ کا نام لو۔ جب پہلو کے بل گر پڑیں تو ان میں سے کھاؤ اور قناعت سے بیٹھے رہنے والوں اور سوال کرنے والوں کو بھی کھلاؤ۔ اس طرح ہم نے ان کو تمہارے بس میں کر دیا ہے تاکہ تم شکر ادا کرو۔

۳۷۔ اللہ تک نہ ان کا گوشت پہنچتا ہے اور نہ خون بلکہ اس تک تمہاری پرہیزگاری پہنچتی ہے۔ اسی طرح اللہ نے ان کو تمہارے لیے مسخر کر دیا ہے تاکہ اس بات کے بدلے کہ اس نے تمہیں ہدایت بخشی ہے اس کی کبریائی بیان کرو اور (اے پیغمبر ﷺ!) نیکی کرنے والوں کو بشارت دے دو۔

۳۸۔ اللہ تو مومنوں سے ان کے دشمنوں کو ہٹاتا رہتا ہے۔ بیشک اللہ کسی خیانت کرنے والے اور کفرانِ نعمت کرنے والے کو دوست نہیں رکھتا۔

۳۹۔ جن مسلمانوں سے خواہ مخواہ لڑائی کی جاتی ہے ان کو اجازت ہے کہ وہ لڑیں کیونکہ ان پر ظلم ہو رہا ہے اللہ ان کی مدد پر قادر ہے۔

۴۰۔ یہ وہ لوگ ہیں کہ اپنے گھروں سے ناحق نکال دیے گئے (انہوں نے کچھ قصور نہیں کیا) سوائے اس کے کہ وہ کہتے ہیں کہ اللہ ہمارا رب ہے اور اگر اللہ لوگوں کو ایک دوسرے سے علیحدہ نہ کرتا رہتا تو ڈھا دیے جاتے گرجے خانقاہیں عبادت خانے اور مسجدیں۔ جن میں اللہ کا بہت ذکر کیا جاتا ہے اور جو شخص اللہ کی مدد کرتا ہے اللہ اس کی مدد ضرور کرتا ہے بیشک اللہ توانا اور غالب ہے۔

۴۱. یہ وہ لوگ ہیں کہ اگر ہم ان کو ملک میں قدرت دیں تو نماز پڑھیں زکوٰۃ دیں نیک کام کرنے کا حکم دیں برے کاموں سے منع کریں اور سب کاموں کا انجام اللہ ہی کے اختیار میں ہے۔

۴۲. اور اگر یہ آپ کو جھٹلاتے ہیں تو ان سے پہلے نوحؑ کی قوم عادی اور ثمودی بھی اپنے پیغمبروں کو جھٹلا چکے ہیں۔

۴۳. قوم ابراہیمؑ اور قوم لوطؑ بھی۔

۴۴. اور مدین کے رہنے والے بھی۔ موسیٰؑ بھی تو جھٹلائے جا چکے ہیں لیکن میں کفار کو مہلت دیتا رہا پھر ان کو پکڑ لیا تو دیکھ لو میرا عذاب کیسا سخت تھا۔

۴۵. اور بہت سی بستیاں ہیں کہ ہم نے ان کو تباہ کر ڈالا کہ وہ نافرمان تھیں سو وہ اپنی چھتوں پر گری پڑی ہیں بہت سے کنویں بے کار اور بہت سے محل ویران پڑے ہیں۔

۴۶. کیا ان لوگوں نے ملک میں سیر نہیں کی تاکہ ان کے دل ایسے ہوتے کہ ان سے سمجھ سکتے اور کان ایسے ہوتے کہ ان سے سن سکتے اصل میں آنکھیں اندھی نہیں ہوتیں بلکہ دل اندھے ہوتے ہیں جو سینوں میں ہیں۔

۴۷. اور یہ لوگ آپ سے عذاب کے لیے جلدی کر رہے ہیں اور اللہ اپنا وعدہ ہرگز خلاف نہیں کرتا اور بیشک آپ کے رب کے نزدیک ایک دن ہزار سال کے برابر ہوتا ہے جو تم گنتے ہو۔

۴۸۔ اور کتنی ہی بستیاں ہیں کہ میں نے ان کو ڈھیل دی اور وہ گنہگار تھیں پھر میں نے ان کو پکڑا اور میری ہی طرف لوٹ کر آنا ہے۔

۴۹۔ آپ فرما دیں کہ اے لوگو میں تو واضح ڈرانے والا ہوں۔

۵۰۔ تو جو لوگ ایمان لائے اور نیک عمل کیے ان کیلئے بخشش اور عزت والا رزق ہے۔

۵۱۔ اور جن لوگوں نے ہماری آیتوں کو جھٹلانے کی کوشش کی وہ دوزخی ہیں۔

۵۲۔ اور ہم نے آپ سے پہلے کوئی رسول اور نبی نہیں بھیجا مگر اس کا یہ حال تھا کہ جب وہ کوئی آرزو کرتا تھا تو شیطان وسوسہ ڈال دیتا تھا تو شیطان کا ڈالا وسوسہ اللہ دور کر دیتا ہے۔ پھر اللہ اپنی آیتوں کو مضبوط کر دیتا ہے اور اللہ علم والا اور حکمت والا ہے۔

۵۳۔ تاکہ جو کچھ شیطان نے ڈالا اس سے ان کو آزمائے جن کے دل میں روگ ہے یا جن کے دل سخت ہیں اور گنہگار تو مخالفت میں دور جا پڑے۔

۵۴۔ اور تاکہ جن لوگوں کو علم عطا ہوا ہے وہ جان لیں کہ بیشک وہ (وحی) آپ کے رب کی طرف سے حق ہے تو وہ اس پر ایمان لائیں اور ان کے دل اللہ کے سامنے عاجزی کریں اور جو لوگ ایمان لائے ہیں اللہ ان کو سیدھی راہ کی ہدایت کرتا ہے۔

۵۵۔ اور کافر لوگ ہمیشہ اس سے شک میں رہیں گے یہاں تک کہ اچانک ان پر قیامت آ جائے یا ان پر منحوس دن کا عذاب آ جائے۔

۵۶. اس روز بادشاہی اللہ ہی کی ہوگی اور وہ ان میں فیصلہ کردے گا تو جو لوگ ایمان لائے اور نیک عمل کرتے رہے وہ نعمت کے باغوں میں ہوں گے۔

۵۷. اور جو کافر ہوئے اور ہماری آیتوں کو جھٹلاتے رہے ان کے لیے ذلیل کرنے والا عذاب ہوگا۔

۵۸. اور جن لوگوں نے اللہ کی راہ میں ہجرت کی پھر مارے گئے یا مر گئے ان کو اللہ اچھا رزق دے گا اور بیشک اللہ سب سے بہتر رزق دینے والا ہے۔

۵۹. اور ان کو ایسی جگہ داخل کرے گا جسے وہ پسند کریں گے اور اللہ تو جاننے والا بردبار ہے۔

۶۰. یہ (بات اللہ کی طرف سے مقرر ہو چکی ہے) کہ ایک شخص دوسرے کو اتنی ہی ایذا دے جتنی ایذا اس کو دی گئی پھر اگر اس پر زیادتی کی جائے تو اللہ اس کی مدد کرے گا بیشک اللہ معاف کرنے والا اور بخشنے والا ہے۔

۶۱. اس کی وجہ یہ ہے کہ اللہ ہی رات کو دن میں داخل کرتا ہے اور دن کو رات میں داخل کرتا ہے اور اللہ سننے والا دیکھنے والا ہے۔

۶۲. یہ اس لیے کہ صرف اللہ ہی برحق ہے اور جس کو کافر اللہ کے سوا پکارتے ہیں وہ باطل ہے اور اس لیے کہ اللہ بلند مرتبہ اور عظیم شان والا ہے۔

۶۳۔ کیا تم نہیں دیکھتے کہ اللہ آسمان سے مینہ برساتا ہے تو زمین سر سبز ہو جاتی ہے بیشک اللہ مہربان اور خبردار ہے۔

۶۴۔ جو کچھ آسمانوں میں ہے اور جو کچھ زمین میں ہے اسی کا ہے اور بیشک اللہ بے نیاز اور ہر تعریف کا مستحق ہے۔

۶۵۔ کیا تم نہیں دیکھتے کہ جتنی چیزیں زمین میں ہیں سب اللہ نے تمہارے لیے مسخر کر دی ہیں اور کشتیاں بھی جو اس کے حکم سے چلتی ہیں دریا میں۔ اور وہ آسمان کو تھامے رہتا ہے۔ کہ زمین پر نہ گر پڑے مگر اس کے حکم سے بیشک اللہ لوگوں پر بہت شفقت کرنے والا مہربان ہے۔

۶۶۔ اور وہی تو ہے۔ جس نے تم کو زندگی بخشی پھر تم کو مارتا ہے پھر تمہیں زندہ بھی کرے گا بیشک انسان تو بڑا ناشکرا ہے۔

۶۷۔ ہم نے ہر ایک امت کے لیے ایک شریعت مقرر کر دی ہے۔ جس پر وہ چلتے ہیں تو یہ لوگ آپ سے اس بات میں جھگڑا نہ کریں اور آپ لوگوں کو اپنے رب کی طرف بلاتے رہیں بیشک آپ سیدھے رستے پر ہیں۔

۶۸۔ اور اگر یہ آپ سے جھگڑا کریں تو فرما دیں جو عمل تم کرتے ہو اللہ اس سے خوب واقف ہے۔

۶۹.	جن باتوں میں تم اختلاف کرتے ہو اللہ قیامت کے روز تم میں اس کا فیصلہ کر دے گا۔

۷۰.	کیا تم نہیں جانتے کہ جو کچھ آسمانوں اور زمین میں ہے اللہ اس کو جانتا ہے یہ سب کچھ کتاب میں لکھا ہوا ہے بیشک یہ سب اللہ کے لیے آسان ہے۔

۷۱.	اور یہ لوگ اللہ کے سوا ایسی چیزوں کی عبادت کرتے ہیں جن کی اس نے کوئی دلیل نازل نہیں فرمائی اور نہ ان کے پاس اس کا کوئی علم ہے اور ظالموں کا کوئی بھی مددگار نہ ہو گا۔

۷۲.	اور جب ان کو ہماری آیتیں پڑھ کر سنائی جاتی ہیں تو ان کی شکل بگڑ جاتی ہے اور آپ ان کے چہروں پر صاف طور پر ناگواری کے آثار دیکھتے ہیں ایسا لگتا ہے کہ جو ہماری آیتیں ان کو پڑھ کر سناتے ہیں ان پر حملہ کر دیں۔ فرمادیں کہ میں تم کو اس سے بھی بری چیز بتاؤں؟ وہ دوزخ کی آگ ہے جس کا اللہ نے کافروں سے وعدہ کیا ہے اور وہ برا ٹھکانا ہے۔

۷۳.	لوگو! ایک مثال بیان کی جاتی ہے اسے غور سے سنو کہ جن لوگوں کو تم اللہ کے سوا پکارتے ہو وہ ایک مکھی بھی پیدا نہیں کر سکتے چاہے اس کے لیے سب جمع ہو جائیں اور اگر ان سے مکھی کوئی چیز چھین لے جائے تو اسے اس سے چھڑا نہیں سکتے۔ طالب اور مطلوب (یعنی) عابد اور معبود دونوں ہی لاچار ہیں۔

۷۴.	ان لوگوں نے اللہ کی قدر جیسی کرنی چاہیے تھی نہیں کی کچھ شک نہیں کہ اللہ زبردست اور غالب ہے۔

۷۵.	اللہ فرشتوں میں سے پیغام پہچانے والے منتخب کرلیتا ہے اور انسانوں میں سے بھی بیشک اللہ سننے والا اور دیکھنے والا ہے۔

۷۶.	جو ان کے آگے ہے اور جو ان کے پیچھے ہے وہ اس سے واقف ہے اور سب کاموں کا انجام اللہ ہی کی طرف ہے۔

۷۷.	مومنو! رکوع کرتے سجدے کرتے اور اپنے رب کی عبادت کرتے رہو اور نیک کام کرو تاکہ فلاح پاؤ۔

۷۸.	اور اللہ کی راہ میں جہاد کرو جیسا جہاد کرنے کا حق ہے اس نے تم کو برگزیدہ کیا ہے اور تم پر دین کی کسی بات کی تنگی نہیں کی اور تمہارے لیے تمہارے باپ ابراہیمؑ کا دین پسند کیا اسی نے پہلے (یعنی پہلی کتابوں میں) تمہارا نام مسلمان رکھا تھا اس (کتاب) میں بھی یہی نام رکھا ہے تو جہاد کرو تاکہ پیغمبر تمہارے بارے میں شاہد ہوں اور تم لوگوں کے بارے میں شاہد ہو۔ نماز قائم کرو زکوٰۃ دو اور اللہ کے دین کی رسی کو پکڑے رہو وہی تمہارا دوست ہے خوب دوست ہے اور خوب مددگار ہے۔

۲۳۔ سورۃ المومون

۱. یقیناً ایمان والوں نے فلاح پائی۔

۲. جو اپنی نماز میں خشوع و حضوع اختیار کرتے ہیں۔

۳. جو بے ہودہ باتوں سے دور رہتے ہیں۔

۴. جو زکوۃ ادا کرتے ہیں۔

۵. جو اپنی شرم گاہوں کی حفاظت کرتے ہیں۔

۶. سوائے اپنی بیویوں اور ان عورتوں کے جو ان کی ملکیت میں ہوں کہ ان (سے مباشرت کرنے میں) وہ قابل ملامت نہیں ہیں۔

۷. البتہ جو اس کے علاوہ کچھ اور چاہیں تو وہ حد سے بڑھنے والے ہیں۔

۸. اور جو اپنی امانتوں اور اپنے عہد و پیمان کا پاس رکھتے ہیں۔

۹. اور جو نمازوں کی حفاظت کرتے ہیں

۱۰. یہی لوگ وہ وارث ہیں۔

۱۱. جو میراث میں فردوس پائیں گے اور اس میں ہمیشہ رہیں گے۔

۱۲. اور یقیناً ہم نے انسان کو مٹی کے ست سے پیدا کیا ہے۔

۱۳. پھر اس کو ایک مضبوط اور محفوظ جگہ میں نطفہ بنا کر رکھا

۱۴. پھر نطفے سے جما ہوا خون بنایا پھر اس جمے ہوئے خون سے گوشت کی بوٹیاں بنائیں پھر اس بوٹی سے ہڈیاں بنائیں پھر ان ہڈیوں پر گوشت چڑھایا، پھر اس کو نئی صورت میں بنا دیا۔ تو اللہ جو سب سے بہتر بنانے والا ہے بڑا بابرکت ہے۔

۱۵. پھر اس کے بعد تم مرنے والے ہو۔

۱۶. پھر قیامت کے روز اٹھا کھڑے کیے جاؤ گے۔

۱۷. اور یقیناً ہم نے تمہارے اوپر کی جانب سات آسمان بنا دیے اور ہم خلقت سے غافل نہیں ہیں۔

۱۸. اور ہم ہی نے آسمان سے ایک اندازے کے مطابق پانی نازل کیا پھر اس کو زمین میں ٹھہرا دیا اور ہم اس کو (نابود بھی کر سکتے ہیں) لے جائیں تو لے جا سکتے ہیں۔

۱۹. پھر ہم نے (اس سے) تمہارے لیے کھجوروں اور انگوروں کے باغ اگائے جن میں تمہارے لیے بہت سے میوے پیدا ہوتے ہیں جن کو تم کھاتے ہو۔

۲۰. اور وہ درخت بھی ہم ہی نے پیدا کیا جو طور سینا میں پیدا ہوتا ہے (یعنی زیتون کا درخت) کہ کھانے کے لیے روغن اور سالن لیے ہوئے اگتا ہے۔

۲۱. اور تمہارے لیے چارپایوں میں بھی عبرت اور نشانی ہے کہ جو ان کے پیٹوں میں ہے اس سے ہم تمہیں دودھ پلاتے ہیں اور تمہارے لیے ان میں اور بھی بہت سے فائدے ہیں اور بعض کو تم کھاتے بھی ہو۔

۲۲. ان پر اور کشتیوں پر تم سوار ہوتے ہو۔

۲۳. اور ہم نے نوحؑ کو ان کی قوم کی طرف بھیجا تو انہوں نے ان سے کہا اے قوم! اللہ ہی کی عبادت کرو اس کے سوا تمہارا کوئی معبود نہیں کیا تم ڈرتے نہیں۔

۲۴. تو ان کی قوم کے کافر سردار کہنے لگے یہ تو تم جیسا ہی آدمی ہے تم پر بڑائی حاصل کرنا چاہتا ہے، اگر اللہ چاہتا تو فرشتے اتار دیتا۔ ہم نے اپنے باپ دادا میں تو یہ بات پہلے کبھی سنی نہیں۔

۲۵. اس آدمی کو تو دیوانگی کی بیماری ہے تو اس کے بارے میں کچھ دیر انتظار کرو۔

۲۶. نوحؑ نے کہا پروردگار انہوں نے مجھے جھٹلایا ہے تو میری مدد کر۔

۲۷. پس ہم نے ان کی طرف وحی بھیجی کہ ہمارے سامنے ہمارے حکم سے ایک کشتی بناؤ پھر جب ہمارا حکم آ پہنچے اور (تنور پانی سے بھر کر) جوش مارنے لگے تو سب قسم کے حیوانات میں سے نر و مادہ جوڑا جوڑا کشتی میں بٹھا لو اور اپنے گھر والوں کو بھی سوائے ان کے

جن کی ہلاکت کا حکم پہلے سے ہو چکا ہے ۔ اور ظالموں کے بارے میں ہم سے کچھ نہ کہنا وہ ضرور ڈبو دیے جائیں گے ۔

۲۸. اور جب تم اور تمہارے ساتھی کشتی میں بیٹھ جاؤ تو (اللہ کا شکر کرتے ہوئے) کہنا کہ سب تعریف اللہ ہی کے لیے ہے. جس نے ہمیں ظالموں سے نجات بخشی ۔

۲۹. اور یہ بھی دعا کرنا کہ اے رب! ہمارے ہم کو مبارک جگہ پر اتارنا اور تو سب سے بہتر اتارنے والا ہے ۔

۳۰. بیشک اس میں نشانیاں ہیں اور ہمیں تو آزمائش کرنی تھی ۔

۳۱. پھر ان کے بعد ہم نے ایک جماعت اور پیدا کی ۔

۳۲. اور انہی میں سے ایک پیغمبر بھیجا جس نے ان سے کہا کہ اللہ ہی کی عبادت کرو کہ اس کے سوا تمہارا کوئی معبود نہیں تو کیا تم ڈرتے نہیں ؟ ۔

۳۳. تو ان کی قوم کے سردار جو کافر تھے اور آخرت کے آنے کو جھوٹ سمجھتے تھے اور دنیا کی زندگی میں ہم نے ان کو آسودگی دے رکھی تھی کہنے لگے کہ یہ تو تم ہی جیسا آدمی ہے جیسا کھانا تم کھاتے ہو اسی طرح کا یہ بھی کھاتا ہے اور جو پانی تم پیتے ہو اسی طرح کا یہ بھی پیتا ہے ۔

۳۴. اور اگر تم نے اپنے ہی جیسے آدمی کا کہنا مان لیا تو اس وقت تم گھاٹے میں پڑ گئے ۔

۳۵۔ کیا یہ تم سے یہ کہتا ہے کہ جب تم مر جاؤ گے اور مٹی اور ہڈیاں ہو جاؤ گے تو پھر تم زندہ کیے جاؤ گے۔

۳۶۔ دور ہے بہت دور جو تم سے وعدہ کیا جا رہا ہے۔

۳۷۔ زندگی تو یہی ہماری دنیا کی زندگی ہے کہ اسی میں ہم مرتے اور جیتے ہیں اور ہم دوبارہ نہیں اٹھائے جائیں گے۔

۳۸۔ یہ تو ایک ایسا آدمی ہے جس نے اللہ پر جھوٹ بہتان لگایا ہے اور ہم اس کو ماننے والے نہیں۔

۳۹۔ پیغمبر نے کہا اے رب! انہوں نے مجھے جھوٹا سمجھا ہے تو میری مدد کر۔

۴۰۔ فرمایا کہ یہ تھوڑے ہی عرصہ میں پشیمان ہو کر رہ جائیں گے۔

۴۱۔ پھر ان کو چنگھاڑ نے آ پکڑا وعدہ بر حق کے مطابق تو ہم نے ان کو کوڑا کرکٹ بنا دیا پس ظالم لوگوں پر لعنت ہے۔

۴۲۔ پھر ان کے بعد ہم نے اور جماعتیں پیدا کیں۔

۴۳۔ کوئی جماعت اپنے وقت سے نہ آگے جا سکتی ہے نہ پیچھے رہ سکتی ہے۔

۴۴۔ پھر ہم پے در پے اپنے پیغمبر بھیجتے رہے جب بھی کسی امت کے پاس اس کا پیغمبر آتا تھا تو وہ اسے جھٹلاتے تھے تو ہم بھی بعض کو بعض کے پیچھے ہلاک کرتے اور ان پر

عذاب لاتے رہے اور ان کی کہانیاں بناتے رہے پس جو لوگ ایمان نہیں لاتے ان پر لعنت۔

۴۵. پھر ہم نے موسیٰ اور ان کے بھائی ہارونؑ کو اپنی نشانیاں اور کھلی سند دے کر بھیجا۔

۴۶. فرعون اور اس کی جماعت کی طرف تو انہوں نے تکبر کیا اور وہ سرکش لوگ تھے۔

۴۷. کہنے لگے کیا ہم اپنے جیسے ان دو آدمیوں پر ایمان لے آئیں اور ان کی قوم کے لوگ ہمارے خدمت گار ہیں۔

۴۸. تو ان لوگوں نے ان کو جھٹلایا آخر ہلاک کر دیے گئے۔

۴۹. اور ہم نے موسیٰ کو کتاب دی تھی تاکہ وہ لوگ ہدایت پائیں۔

۵۰. اور ہم نے مریم کے بیٹے عیسیٰ اور ان کی ماں کو اپنی نشانی بنایا تھا اور ان کو ایک اونچی جگہ پر جو رہنے کے لائق تھی اور جہاں صاف پانی جاری تھا پناہ دی تھی۔

۵۱. اے رسولو! پاکیزہ چیزیں کھاؤ اور نیک عمل کرو جو عمل تم کرتے ہو میں ان سے واقف ہوں۔

۵۲. اور یہ تمہاری جماعت حقیقت میں ایک ہی جماعت ہے اور میں تمہارا رب ہوں تو مجھ سے ہی ڈرو۔

۵۳.   پھر انہوں نے آپس میں اپنے کام کو متفرق کر دیا اور ٹکڑے ٹکڑے کر دیا جو چیز جس فرقے کے پاس ہے وہ اس سے خوش ہو رہا ہے۔

۵۴.   تو ان کو ایک مدت تک ان کی غفلت میں رہنے دو۔

۵۵.   کیا لوگ یہ خیال کرتے ہیں کہ ہم جو دنیا میں ان کو مال اور بیٹوں سے مدد دیتے ہیں۔

۵۶.   تو اس سے ان کی بھلائی میں جلدی کر رہے ہیں؟ نہیں! بلکہ یہ سمجھتے ہی نہیں۔

۵۷.   اور جو اپنے رب کے خوف سے ڈرتے ہیں۔

۵۸.   اور جو اپنے رب کی آیتوں پر ایمان لاتے ہیں۔

۵۹.   اور جو اپنے رب کے ساتھ شرک نہیں کرتے۔

۶۰.   اور جو دے سکتے ہیں دیتے ہیں اور ان کے دل اس بات سے ڈرتے رہتے ہیں کہ ان کو اپنے رب کی طرف لوٹ کر جانا ہے۔

۶۱.   یہی لوگ نیکیوں میں جلدی کرتے اور یہی ان سب پر آگے بڑھنے والے ہیں۔

۶۲.   اور ہم کسی کو اس کی طاقت سے زیادہ تکلیف نہیں دیتے اور ہمارے پاس کتاب ہے جو سچ سچ کہہ دیتی ہے اور ان لوگوں پر ظلم نہیں کیا جائے گا۔

۶۳.   مگر ان کے دل ان باتوں کی طرف سے غفلت میں پڑے ہوئے ہیں اور ان کے سوا اور اعمال بھی ہیں، جو یہ کرتے رہتے ہیں۔

۶۴. یہاں تک کہ جب ہم نے ان میں سے آسودہ حال لوگوں کو پکڑلیا تو وہ اس وقت تلملا اٹھیں گے۔

۶۵. آج مت تلملاؤ بیشک آج تم مدد نہیں کیے جاؤ گے۔

۶۶. میری آیتیں تم کو پڑھ کر سنائی جاتی تھیں اور تم الٹے پاؤں پھر پھر جاتے تھے۔

۶۷. ان سے سرکشی کرتے کہانیوں میں مشغول ہوتے اور بیہودہ باتیں کرتے تھے

۶۸. کیا انہوں نے اس کلام پر غور نہیں کیا یا ان کے پاس کوئی ایسی چیز آئی ہے جو ان کے باپ دادا کے پاس نہیں آئی تھی۔

۶۹. یا یہ اپنے پیغمبر کو جانتے نہیں اس لیے ان کو مانتے نہیں۔

۷۰. کیا یہ کہتے ہیں کہ اسے دیوانگی ہے؟ ایسا نہیں بلکہ وہ ان کے پاس حق کو لے کر آئے ہیں اور ان میں سے اکثر حق کو ناپسند کرتے ہیں۔

۷۱. اور اگر حق ان کی خواہشات پر چلے تو آسمان اور زمین جو کچھ ان میں ہیں سب خراب ہو جائے بلکہ ہم نے ان کے پاس ان کی نصیحت پہنچا دی ہے اور وہ اس نصیحت سے منہ پھیر رہے ہیں۔

۷۲. کیا تم ان سے نصیحت کے بدلے میں کچھ مانگتے ہو؟ تیرے رب کا دیا ہوا مال بہت اچھا ہے اور وہ سب سے بہتر رزق دینے والا ہے۔

۷۳. اور تم تو ان کو سیدھے رستے کی طرف بلاتے ہو۔

۷۴.	اور جو لوگ آخرت کو نہیں مانتے راستے سے ٹیڑھے مڑ گئے ہیں۔

۷۵.	اور اگر ہم ان پر رحم کریں اور جو تکلیف انہیں پہنچے دور کر دیں تو پھر بھی بھٹکتے ہوئے اپنی شرارت میں لگے رہیں گے۔

۷۶.	اور ہم نے انہیں عذاب میں پکڑ لیا تھا پھر نہ انہوں نے اپنے رب کے آگے عاجزی کی اور نہ گڑگڑائے۔

۷۷.	یہاں تک کہ جب ہم ان پر ایک سخت عذاب کا دروازہ کھول دیں گے تب وہ نا امید ہو جائیں گے۔

۷۸.	اور وہی تو ہے جس نے تمہارے کان آنکھیں اور دل بنائے لیکن تم کم شکر گزاری کرتے ہو۔

۷۹.	اور وہی تو ہے جس نے تم کو زمین میں پیدا کیا اور اسی کی طرف تم جمع کیے جاؤ گے۔

۸۰.	اور وہی ہے جو زندگی بخشتا اور موت دیتا ہے۔ رات اور دن کا بدلتے رہنا اسی کا کام ہے کیا تم سمجھتے نہیں۔

۸۱.	بات یہ ہے کہ جو بات اگلے کافر کہتے تھے اسی طرح کی بات یہ کہتے ہیں۔

۸۲.	کہتے ہیں کہ جب ہم مر جائیں گے اور مٹی اور ہڈیاں ہو جائیں گے تو کیا ہم پھر اٹھائے جائیں گے۔

٨٣.　یہ وعدہ ہم سے اور ہم سے پہلے ہمارے باپ دادا سے بھی ہوتا چلا آیا ہے۔ یہ کچھ بھی نہیں بلکہ صرف پہلے لوگوں کی کہانیاں ہیں۔

٨٤.　فرمادیں کہ اگر تم جانتے ہو تو بتاؤ کہ زمین اور جو کچھ زمین میں ہے سب کس کا ہے؟

٨٥.　جھٹ بول اٹھیں گے کہ اللہ کا کہو کہ پھر تم سوچتے کیوں نہیں؟

٨٦.　ان سے پوچھو کہ سات آسمانوں کا کون مالک ہے؟ اور عرش عظیم کا کون مالک ہے؟

٨٧.　فوراً کہہ دیں گے یہ سب چیزیں اللہ ہی کی ہیں۔ کہو کہ پھر تم ڈرتے کیوں نہیں؟

٨٨.　کہو کہ اگر تم جانتے ہو تو بتاؤ کہ وہ کون ہے. جس کے ہاتھ میں ہر چیز کی بادشاہی ہے اور وہ پناہ دیتا ہے اور اس کے مقابل کوئی کسی کو پناہ نہیں دے سکتا۔

٨٩.　فوراً کہہ دیں گے کہ (ایسی بادشاہی تو) اللہ ہی کی ہے۔ کہو کہ پھر تم پر جادو کہاں سے پڑ جاتا ہے؟

٩٠.　بات یہ ہے کہ ہم نے ان کے پاس حق پہنچا دیا ہے اور یہ جو بت پرستی کیے جاتے ہیں بیشک. جھوٹے ہیں۔

٩١.　اللہ نے نہ تو کسی کو اپنا بیٹا بنایا ہے اور نہ ہی اس کے ساتھ کوئی اور معبود ہے ایسا ہو تو ہر معبود اپنی اپنی مخلوقات کو لے کر چل دیتا اور ایک دوسرے پر غالب آجاتا۔ یہ لوگ جو کچھ اللہ کے بارے میں کہتے ہیں اللہ اس سے پاک ہے۔

۹۲۔ وہ پوشیدہ اور ظاہر کو جانتا ہے اور مشرک جو اس کے ساتھ شرک کرتے ہیں۔ اللہ کی ذات اس سے بہت بلند ہے۔

۹۳۔ (اے محمد ﷺ!) کہو کہ جس عذاب کا ان کفار سے وعدہ ہوا ہے اگر (تو میری زندگی میں ان پر نازل کرکے) مجھے دکھائے۔

۹۴۔ تو اے میرے رب! مجھے اس سے محفوظ رکھنا اور ان ظالموں میں شامل نہ کرنا۔

۹۵۔ اور جو وعدہ ہم ان سے کر رہے ہیں ہم تم کو دکھا کر ان پر نازل کرنے پر قادر ہیں

۹۶۔ اور بری بات کے جواب میں ایسی بات کہو جو نہایت اچھی ہو اور یہ جو کچھ بیان کرتے ہیں ہمیں خوب معلوم ہے۔

۹۷۔ اور کہو کہ اے پروردگار! میں شیطان کے وسوسوں سے تیری پناہ مانگتا ہوں۔

۹۸۔ اور اے رب اس سے بھی تیری پناہ مانگتا ہوں کہ وہ میرے پاس آموجود ہوں۔

۹۹۔ (یہ لوگ اسی طرح غفلت میں رہیں گے) یہاں تک کہ جب ان میں سے کسی کے پاس موت آجائے گی تو کہے گا اے اللہ مجھے پھر دنیا میں واپس بھیج دے۔

۱۰۰۔ تاکہ میں اس میں جو چھوڑ آیا ہوں نیک کام کروں۔ ہرگز نہیں یہ ایک ایسی بات ہے کہ وہ اسے زبان سے کہہ رہا ہوگا (مگر اس پر عمل نہیں ہوگا) اور ان کے پیچھے برزخ ہے کہ جہاں وہ اس دن تک رہیں گے جس دن دوبارہ اٹھائے جائیں گے۔

۱۰۱.	پھر جب صور پھونکا جائے گا تو اس وقت نہ ان میں رشتہ داریاں رہیں گی اور نہ کوئی ایک دوسرے کو پوچھے گا۔

۱۰۲.	تو جن کے وزن بھاری ہوں گے وہ فلاح پانے والے ہیں۔

۱۰۳.	اور جن کے بوجھ ہلکے ہوں گے وہ ایسے لوگ ہیں جنھوں نے خود کو نقصان میں رکھا وہ ہمیشہ دوزخ میں رہیں گے

۱۰۴.	آگ ان کے موںہوں کو جھلس دے گی اور وہ اس میں پریشان ہوں گے۔

۱۰۵.	کیا تم کو میری آیتیں پڑھ کر سنائی جاتی تھیں؟ نہیں تم ان کو (سن کر) جھٹلاتے تھے۔

۱۰۶.	اے ہمارے رب! ہم پر ہماری بدنصیبی چھا گئی اور ہم راستے سے بھٹک گئے۔

۱۰۷.	اے ہمارے رب! ہم کو اس میں سے نکال دے اگر ہم پھر ایسے کام کریں تو ظالم ہوں گے۔

۱۰۸.	اللہ فرمائے گا کہ اسی میں ذلت کے ساتھ پڑے رہو اور مجھ سے بات نہ کرو۔

۱۰۹.	میرے بندوں میں ایک گروہ تھا جو دعا کیا کرتا تھا اے ہمارے پروردگار ہم ایمان لائے تو ہم کو بخش دے اور ہم پر رحم کر اور تو سب سے بہتر رحم کرنے والا ہے۔

۱۱۰.	تو تم ان سے تمسخر کرتے رہے یہاں تک کہ ان کے پیچھے میری یاد بھی بھول گئے اور تم ہمیشہ ان سے ہنسی کیا کرتے تھے

۱۱۱.	آج میں نے ان کو ان کے صبر کا بدلہ دیا کہ بیشک وہ کامیاب ہونے والے ہیں۔

۱۱۲.	اللہ پوچھے گا کہ تم زمین میں کتنے برس رہے؟

۱۱۳.	وہ کہیں گے کہ ہم ایک روز یا دن کا کچھ حصہ رہے تھے شمار کرنے والوں سے پوچھ لیجئے۔

۱۱۴.	اللہ فرمائے گا کہ وہاں تم بہت ہی کم رہے کاش تم جانتے ہوتے۔

۱۱۵.	کیا تم یہ خیال کرتے ہو کہ ہم نے تم کو بے فائدہ پیدا کیا تھا اور یہ کہ تم ہماری طرف لوٹ کر نہیں آؤ گے۔

۱۱۶.	تو اللہ جو سچا بادشاہ ہے اس کی شان اس سے اونچی ہے اس کا کوئی معبود نہیں وہی عرش کریم کا مالک ہے۔

۱۱۷.	اور جو شخص اللہ کے ساتھ کسی اور معبود کو پکارتا ہے جس کی اس کے پاس کوئی بھی دلیل نہیں تو اس کا حساب اللہ ہی کے پاس ہو گا کچھ شک نہیں کہ کافر کامیاب نہیں ہوں گے۔

۱۱۸.	اور اللہ سے دعا کیا کرو کہ میرے رب! مجھے بخش دے اور مجھ پر رحم کر اور تو سب سے بہتر رحم کرنے والا ہے۔

۲۴۔ سورۃ النور

۱۔ یہ ایک سورت ہے جس کو ہم نے نازل کیا اور اس کے احکام کو فرض کر دیا اور اس میں واضح آیتیں نازل کیں تاکہ تم یاد رکھو۔

۲۔ بدکاری کرنے والی عورت اور بدکاری کرنے والا مرد (جب ان کی بدکاری ثابت ہو جائے تو) دونوں میں سے ہر ایک کو سو درے مارو اور اگر تم اللہ اور روز آخرت پر ایمان رکھتے ہو تو اللہ کے حکم میں تمہیں ہرگز ترس نہ آئے اور چاہیے کہ ان کی سزا کے وقت مسلمانوں کی ایک جماعت بھی موجود ہو۔

۳۔ بدکار مرد بدکار عورت یا مشرک عورت کے سوا نکاح نہیں کرتا اور بدکار عورت کو بھی بدکار یا مشرک مرد کے سوا اور کوئی نکاح میں نہیں لاتا اور یہ (بدکار عورت سے نکاح کرنا) مومنوں پر حرام ہے۔

۴۔ اور جو لوگ پاک دامن عورتوں کو بدکاری کا الزام لگائیں اور اس پر چار گواہ نہ لائیں تو ان کو اسی درے مارو اور کبھی ان کی شہادت قبول نہ کرو اور یہی بدکردار ہیں۔

۵۔ ہاں جو اس کے بعد توبہ کر لیں اور اپنی حالت سنوار لیں تو اللہ بھی بخشنے والا مہربان ہے۔

۶۔ اور جو لوگ اپنی عورتوں پر بدکاری کی تہمت لگائیں اور کوئی گواہ نہ لا سکیں تو ہر ایک کی شہادت یہ ہے کہ پہلے تو چار بار اللہ کی قسم کھائے کہ بیشک وہ سچا ہے۔

۷۔ اور پانچویں بار یہ کہے کہ اگر وہ جھوٹا ہو تو اس پر اللہ کی لعنت۔

۸۔ اور عورت سے سزا یوں ٹل سکتی ہے کہ پہلے چار بار اللہ کی قسم کھائے کہ بیشک یہ جھوٹا ہے۔

۹۔ اور پانچویں دفعہ یوں کہے کہ اگر یہ سچا ہو تو مجھ پر اللہ کا غضب نازل ہو۔

۱۰۔ اور اگر تم پر اللہ کا فضل اور مہربانی نہ ہوتی تو بہت سی خرابیاں پیدا ہو جاتیں مگر وہ مہربان اور فضل و کرم کرنے والا ہے اور اللہ توبہ قبول کرنے والا حکمت والا ہے۔

۱۱۔ جن لوگوں نے بہتان باندھا ہے تم ہی میں سے ایک جماعت ہے اس کو اپنے حق میں برا نہ سمجھنا بلکہ وہ تمہارے لیے اچھا ہے۔ ان میں سے جس شخص نے گناہ کا جتنا حصہ لیا اس کے لیے اتنا ہی وبال ہے اور جس نے ان میں سے اس بہتان کا بڑا بوجھ اٹھایا ہے اس کو بڑا عذاب ہوگا۔

۱۲۔ جب تم نے وہ بات سنی تھی تو مومن مردوں اور عورتوں نے کیوں نہ اپنے دلوں میں نیک گمان کیا اور کیوں نہ کہا کہ یہ صریح جھوٹ ہے۔

۱۳.	یہ بہتان لگانے والے (اپنی بات کی سچائی کے لیے) چار گواہ کیوں نہ لائے تو جب یہ گواہ نہیں لا سکے تو پھر اللہ کے نزدیک یہ جھوٹے ہیں۔

۱۴.	اور اگر دنیا و آخرت میں تم پر اللہ کا فضل اور اس کی رحمت نہ ہوتی تو جس کام میں تم لگے ہوئے تھے اس کی وجہ سے تم پر بڑا سخت عذاب نازل ہوتا۔

۱۵.	جب تم اپنی زبانوں سے اس کا ایک دوسرے سے ذکر کرتے تھے اور اپنے منہ سے ایسی بات کہتے تھے جس کا تم کو کچھ بھی علم نہ تھا اور تم اسے ایک معمولی بات سمجھتے تھے اور اللہ کے نزدیک وہ بڑی سخت بات تھی۔

۱۶.	اور جب تم نے اسے سنا تھا تو کیوں نہ کہہ دیا کہ ہمیں مناسب نہیں کہ ایسی بات زبان پر لائیں اللہ تو پاک ہے یہ تو بہت بڑا بہتان ہے۔

۱۷.	اللہ تمہیں نصیحت کرتا ہے کہ اگر مومن ہو تو پھر کبھی ایسا کام نہ کرنا۔

۱۸.	اور اللہ تمہارے سمجھانے کے لیے اپنی آیتیں کھول کھول کر بیان کرتا ہے اور اللہ جاننے والا اور حکمت والا ہے

۱۹.	اور جو لوگ چاہتے ہیں کہ ایمان والوں میں بدکاری کا چرچا ہو ان کے لیے دردناک عذاب ہے دنیا اور آخرت میں اللہ جانتا ہے اور تم نہیں جانتے۔

۲۰.	اور اگر تم پر اللہ کا فضل اور اس کی رحمت نہ ہوتی (تو کیا کچھ نہ ہوتا مگر وہ کریم ہے) اور بیشک اللہ نہایت مہربان اور رحیم ہے۔

۲۱. مومنو! شیطان کے کہنے پر نہ چلنا اور جو شخص شیطان کی پیروی کرے گا تو شیطان بے حیائی اور برے کاموں کی ترغیب دے گا اور اگر تم پر اللہ کا فضل اور اس کی مہربانی نہ ہوتی تو تم میں ایک بندہ بھی پاک نہ رہ سکتا مگر اللہ جس کو چاہتا ہے پاک کر دیتا ہے اور اللہ سننے والا اور جاننے والا ہے۔

۲۲. اور جو لوگ تم میں امیر اور صاحب استطاعت ہیں وہ اس بات کی قسم نہ کھائیں کہ رشتہ داروں محتاجوں اور مہاجرین کو کچھ مالی مدد نہ دیں گے۔ ان کو چاہیے کہ معاف کر دیں اور درگزر کریں۔ کیا تم پسند نہیں کرتے کہ اللہ تمہیں بخش دے؟ اور اللہ تو بخشنے والا مہربان ہے۔

۲۳. جو لوگ پرہیزگار اور برے کاموں سے بےخبر اور ایمان دار عورتوں پر بدکاری کی تہمت لگاتے ہیں ان پر دنیا و آخرت میں لعنت ہے اور ان کو سخت عذاب ہوگا۔

۲۴. قیامت کے دن جس روز ان کی زبانیں ہاتھ اور پاؤں سب ان کے کاموں کی گواہی دیں گے۔

۲۵. اس دن اللہ ان کو ان کے اعمال کا پورا پورا اور ٹھیک بدلہ دے گا اور ان کو معلوم ہو جائے گا کہ اللہ برحق اور حق کو ظاہر کرنے والا ہے۔

۲۶۔	ناپاک عورتیں ناپاک مردوں اور ناپاک مرد ناپاک عورتوں کے لیے، پاک عورتیں پاک مردوں کے لیے اور پاک مرد پاک عورتوں کے لیے ہیں۔ یہ لوگ ان باتوں سے جو کہتے ہیں بری ہیں۔ ان کے لیے بخشش اور عزت کی روزی ہے۔

۲۷۔	مومنو! اپنے گھروں کے سوا دوسرے لوگوں کے گھروں میں گھر والوں سے اجازت لیے اور ان کو سلام کیے بغیر داخل نہ ہوا کرو۔ یہ تمہارے حق میں بہتر ہے اور ہم یہ نصیحت اس لیے کرتے ہیں کہ شاید تم یاد رکھو۔

۲۸۔	اگر تم گھر میں کسی کو موجود نہ پاؤ تو جب تک تم کو اجازت نہ دی جائے اس میں مت داخل ہو۔ اور اگر یہ کہا جائے کہ اس وقت لوٹ جاؤ تو لوٹ جایا کرو یہ تمہارے لیے بڑی پاکیزگی کی بات ہے اور جو کام تم کرتے ہو اللہ سب جانتا ہے۔

۲۹۔	ہاں اگر تم کسی ایسے مکان میں جاؤ جس میں کوئی نہ بستا ہو اور اس میں تمہارا کچھ مال رکھا ہوا ہو تو تم پر کچھ گناہ نہیں اور جو کچھ تم ظاہر کرتے ہو اور جو پوشیدہ کرتے ہو اللہ کو سب معلوم ہے۔

۳۰۔	مومن مردوں سے کہہ دو کہ اپنی نظریں نیچی رکھا کریں اور اپنی شرم گاہوں کی حفاظت کیا کریں یہ ان کے لیے بڑی پاکیزگی کی بات ہے اور جو کام یہ کرتے ہیں اللہ ان سے خبردار ہے۔

۳۱. اور مومن عورتوں سے بھی کہہ دو کہ وہ بھی اپنی نگاہیں نیچی رکھا کریں اور اپنی شرمگاہوں کی حفاظت کیا کریں اور اپنی آرائش (زیور) کے مقامات کو ظاہر نہ ہونے دیا کریں مگر جو اس میں سے کھلا رہتا ہے اور اپنے سینوں پر اوڑھنیاں اوڑھالیا کریں۔ اپنے خاوند اپنے باپ سسر بیٹوں اور خاوند کے بیٹوں (سوتیلے بیٹے) بھائیوں بھتیجوں بھانجوں اپنی ہی قسم کی عورتوں اور لونڈی غلاموں کے سوا اور ان نوکروں کے جو عورتوں کی خواہش نہ رکھیں یا ایسے لڑکوں کے جو عورتوں کے پردے کی چیزوں سے واقف نہ ہوں۔ غرض ان لوگوں کے سوا کسی پر اپنی زینت اور سنگھار کے مقامات کو ظاہر نہ ہونے دیں اور اپنے پاؤں اس طرح زمین پر نہ ماریں کہ ان کا چھپا ہوا زیور ظاہر ہو جائے اور مومنو! سب اللہ کے آگے توبہ کرو تاکہ فلاح پاؤ۔

۳۲. اور (اپنی قوم کی) بیوہ عورتوں کے نکاح کر دیا کرو اور اپنے غلاموں اپنی لونڈیوں کے بھی جو نیک ہوں نکاح کر دیا کرو۔ اگر وہ مفلس ہوں گے تو اللہ ان کو اپنے فضل سے خوشحال کر دے گا اور اللہ بہت وسعت والا اور جاننے والا ہے

۳۳. اور جو نکاح کی استطاعت نہ رکھتے ہوں وہ پاکدامنی اختیار کیے رہیں یہاں تک کہ اللہ ان کو اپنے فضل سے غنی کر دے اور جو غلام تم سے مکاتبت چاہیں اگر تم ان میں صلاحیت اور نیکی پاؤ تو ان سے مکاتبت کر لو۔ اور اللہ نے جو مال تم کو دیا ہے اس میں سے ان کو بھی دو اور اپنی لونڈیوں کو اگر وہ پاکدامن رہنا چاہیں تو بے شرمی سے دنیاوی فوائد

حاصل کرنے کے لیے بدکاری پر مجبور نہ کرنا اور جوان کو مجبور کرے گا تو اس عمل پر ان کی پکڑ نہ ہوگی (مجبور کرنے والے کی پکڑ ہوگی) اللہ بخشنے والا مہربان ہے۔

۳۴. اور ہم نے تمہاری طرف روشن آیتیں نازل کی ہیں اور جو لوگ تم سے پہلے گزر چکے ہیں ان کی خبریں اور پرہیزگاروں کے لیے نصیحت ہے۔

۳۵. اللہ آسمانوں اور زمین کا نور ہے اس کے نور کی مثال ایسی ہے کہ گویا ایک طاق ہے اس میں چراغ ہے اور چراغ ایک قندیل میں ہے اور قندیل ایسی صاف شفاف ہے گویا موتی جیسا چمکتا ہوا تارا ہو اس میں ایک مبارک درخت کا تیل جلایا جاتا ہے یعنی زیتون کہ نہ مشرق کی طرف ہے نہ مغرب کی طرف ایسا معلوم ہوتا ہے کہ اس کا تیل، خواہ آگ اسے نہ بھی چھوئے، جلنے کو تیار رہے بڑی روشنی پر روشنی ہو رہی ہے اللہ اپنے نور سے جس کو چاہتا ہے سیدھی راہ دکھاتا ہے اور اللہ جو مثالیں بیان فرماتا ہے تو لوگوں کے سمجھانے کے لیے اور اللہ ہر چیز سے واقف ہے

۳۶. وہ قندیل ان گھروں میں ہے جن کے بارے میں اللہ نے ارشاد فرمایا ہے کہ بلند کیے جائیں اور وہاں اللہ کا ذکر کیا جائے اور ان میں صبح و شام اس کی تسبیح کرتے رہیں۔

۳۷. ایسے مرد جن کو اللہ کے ذکر نماز پڑھنے اور زکوٰۃ دینے سے نہ تجارت غافل کرتی ہے نہ خرید و فروخت۔ وہ اس دن سے جب خوف سے دل اور گھبراہٹ سے آنکھیں الٹ جائیں گی، ڈرتے ہیں۔

۳۸. تاکہ اللہ ان کو ان کے اعمال کا بہت اچھا بدلہ دے اور اپنے فضل سے زیادہ بھی دے اور اللہ جس کو چاہتا ہے بے حساب رزق دیتا ہے۔

۳۹. اور جن لوگوں نے کفر کیا ان کے اعمال کی مثال ایسی ہے کہ جیسے میدان میں ریت کہ پیاسا اسے پانی سمجھے یہاں تک کہ جب اس کے پاس آئے تو کچھ بھی نہ پائے اور اللہ ہی کو اپنے پاس دیکھے تو وہ اسے اس کا پورا پورا حساب چکا دے اور اللہ جلد حساب کرنے والا ہے۔

۴۰. یا ان کے اعمال کی مثال ایسی ہے، جیسے دریا کی گہرائی میں اندھیرے جس پر لہر چڑھی ہوئی ہو اس کے اوپر اور لہر آ رہی ہو اور اوپر سیاہ بادل ہو غرض اندھیرے ہی اندھیرے ہوں ایک پر ایک چھایا ہوا جب اپنا ہاتھ نکالے تو کچھ نہ دیکھ سکے اور جس کو اللہ روشنی نہ دے اس کو کہیں بھی روشنی نہیں مل سکتی۔

۴۱. کیا تو نے نہیں دیکھا کہ جو آسمانوں اور زمین میں ہیں اللہ کی تسبیح کرتے رہتے ہیں اور پر پھیلائے ہوئے پرندے بھی سب اپنی نماز اور تسبیح کے طریقوں سے واقف ہیں اور جو کچھ وہ کرتے ہیں سب اللہ کو معلوم ہے۔

۴۲. اور آسمانوں اور زمین کی بادشاہی اللہ ہی کے لیے ہے اور اللہ ہی کی طرف لوٹ کر جانا ہے۔

۴۳.　کیا تم نے نہیں دیکھا کہ اللہ ہی بادلوں کو چلاتا ہے پھر ان کو آپس میں ملا دیتا ہے پھر ان کو تہہ بہ تہہ کر دیتا ہے پھر تم دیکھتے ہو کہ بادل میں سے مینہ نکل کر برس رہا ہے اور آسمان میں جو اولوں کے پہاڑ ہیں ان سے اولے نازل کرتا ہے تو جس پر چاہتا ہے برسا دیتا ہے اور جس سے چاہتا ہے ہٹا دیتا ہے اور بادل میں جو بجلی ہوتی ہے اس کی چمک آنکھوں کو خیرہ کر کے بینائی کو اچک لیے جاتی ہے۔

۴۴.　اللہ ہی رات اور دن کو بدلتا ہے سمجھنے والوں کے لیے اس میں بڑی عبرت ہے۔

۴۵.　اور اللہ ہی نے چلنے پھرنے والے جاندار کو پانی سے پیدا کیا تو اس میں بعض ایسے ہیں کہ پیٹ کے بل چلتے ہیں اور بعض ایسے ہیں جو دو پاؤں پر چلتے ہیں اور بعض ایسے ہیں جو چار پاؤں پر چلتے ہیں اللہ جو چاہتا ہے پیدا کرتا ہے بیشک اللہ ہر چیز پر قادر ہے۔

۴۶.　ہم ہی نے روشن آیتیں نازل کی ہیں اور اللہ جس کو چاہتا ہے سیدھے رستے کی طرف ہدایت کرتا ہے

۴۷.　اور بعض لوگ کہتے ہیں کہ ہم اللہ اور رسول پر ایمان لائے اور ان کا حکم مان لیا پھر اس کے بعد ان میں سے ایک فرقہ پھر جاتا ہے اور یہ لوگ ایمان والے ہی نہیں ہیں۔

۴۸.　اور جب ان کو اللہ اور اس کے رسول کی طرف بلایا جاتا ہے تاکہ اللہ اور رسول ان کا فیصلہ چکا دیں تو ان میں سے ایک فرقہ منہ پھیر لیتا ہے۔

۴۹.　اگر ان کو حق ملتا ہو تو گردن جھکا کر چلے آئیں۔

۵۰. کیا ان کے دلوں میں بیماری ہے یا یہ شک میں ہیں یا ان کو یہ خوف ہے کہ اللہ اور اس کا رسول ان کے حق میں ظلم کریں گے؟ نہیں! بلکہ یہ خود ظالم ہیں۔

۵۱. مومنین کی تو یہ بات ہے کہ جب اللہ اور اس کے رسول کی طرف بلائے جائیں تاکہ وہ ان میں فیصلہ کریں تو کہیں گے ہم نے حکم سن لیا اور مان لیا اور یہی لوگ فلاح پانے والے ہیں۔

۵۲. اور جو شخص اللہ اور اس کے رسول کی فرمانبرداری کرے گا اور اللہ سے ڈرے گا تو ایسے ہی لوگ مراد کو پانے والے ہیں۔

۵۳. اور یہ اللہ کی پختہ قسمیں کھاتے ہیں کہ اگر تم ان کو حکم دو تو سب گھروں سے نکل کھڑے ہوں کہہ دو کہ قسمیں مت کھاؤ اچھی فرمانبرداری چاہیے بیشک اللہ تمہارے سب اعمال سے خبردار ہے۔

۵۴. کہہ دو کہ اللہ کی فرمانبرداری کرو اور اللہ کے رسول کے حکم پر چلو اگر منہ موڑو گے تو رسول پر اس چیز کا ادا کرنا ہے جو ان کے ذمے ہے اور تم پر اس چیز کا ادا کرنا ہے جو تمہارے ذمے اور اگر تم ان کے فرمان پر چلو گے تو سیدھا راستہ پا لو گے اور رسول کے ذمے تو صاف صاف احکام الٰہی پہنچا دینا ہے۔

۵۵. جو لوگ تم میں سے ایمان لائے اور نیک کام کرتے رہے ان سے اللہ کا وعدہ ہے کہ ان کو ملک کا حاکم بنا دے گا جیسا ان سے پہلے لوگوں کو حاکم بنایا تھا اور ان کے دین کو جسے

اس نے ان کے لیے پسند کیا ہے مستحکم اور پائیدار کر دے گا اور خوف کے بعد ان کو امن بخشے گا۔ وہ میری عبادت کریں گے اور میرے ساتھ کسی چیز کو شریک نہ بنائیں گے اور جو اس کے بعد کفر کرے تو ایسے لوگ بدکردار ہیں۔

۵۶۔ نماز پڑھتے رہو اور زکوٰۃ دیتے رہو اور رسول اللہ کے فرمان پر چلتے رہو تاکہ تم پر رحمت کی جائے۔

۵۷۔ اور ایسا خیال نہ کرنا کہ کافر لوگ ہمیں زمین میں مغلوب کر دیں گے یہ جا ہی کہاں سکتے ہیں ان کا ٹھکانا دوزخ ہے اور وہ بہت برا ٹھکانا ہے۔

۵۸۔ مومنو! تمہارے غلام لونڈیاں اور جو بچے بالغ نہیں ہوئے، تین اوقات میں تم سے اجازت لے لیا کریں۔ ایک تو صبح نماز سے پہلے دوسرے گرمی کی دوپہر کو جب تم کپڑے اتار دیتے ہو اور تیسرے عشاء کی نماز کے بعد یہ تین اوقات تمہارے پردے کے ہیں ان کے آگے پیچھے یعنی دوسرے وقتوں میں نہ تم پر کچھ گناہ ہے نہ ان پر کہ کام کاج کے لیے ایک دوسرے کے پاس آتے جاتے ہو اس طرح اللہ اپنی آیتیں کھول کھول کر بیان فرماتا ہے اور اللہ بڑا علم والا اور حکمت والا ہے۔

۵۹۔ اور جب تمہارے لڑکے بالغ ہو جائیں تو ان کو بھی اسی طرح اجازت لینی چاہیے جس طرح ان سے اگلے (یعنی بڑے آدمی) اجازت حاصل کرتے رہے ہیں۔ اس طرح اللہ تم سے اپنی آیتیں کھول کر بیان فرماتا ہے اور اللہ جاننے والا اور حکمت والا ہے۔

۶۰. اور بڑی عمر کی عورتیں جن کو نکاح کی توقع نہیں رہی اور وہ کپڑے اتار رکھیں تو ان پر کچھ گناہ نہیں یہ نہیں کہ اپنا سنگھار دکھاتی پھریں اور اگر اس سے بھی بچیں تو یہ ان کے حق میں بہتر ہے اور اللہ (سب باتیں) سنتا (سب اعمال) جانتا ہے۔

۶۱. نہ تو اندھے پر کچھ گناہ ہے نہ لنگڑے اور نہ بیمار پر اور نہ خود تم پر کہ اپنے گھروں سے کھانا کھاؤ اپنے باپوں کے گھروں سے یا اپنی ماؤں کے گھروں سے یا بھائیوں کے گھروں سے یا اپنی بہنوں کے گھروں سے یا اپنے چچاؤں کے گھروں سے یا اپنی پھوپھیوں کے گھروں سے یا اپنے ماموؤں کے گھروں سے یا اپنی خالاؤں کے گھروں سے یا اس گھر سے جس کی کنجیاں تمہارے ہاتھ میں ہوں یا اپنے دوستوں کے گھروں سے اور اس کا بھی تم پر کچھ گناہ نہیں کہ سب مل کر کھانا کھاؤ یا جدا جدا اور جب گھروں میں جایا کرو تو اپنے گھر والوں کو سلام کیا کرو یہ اللہ کی طرف سے مبارک اور پاکیزہ تحفہ ہے۔ اس طرح اللہ اپنی آیات کھول کھول کر بیان کرتا ہے تاکہ تم سمجھو۔

۶۲. مومن تو وہ ہیں جو اللہ اور اس کے رسول پر ایمان لائے اور جو کام جمع ہو کر کرنے کا ہو اور پیغمبر صلی اللہ علیہ وآلہ وسلم کے پاس جمع ہوں تو ان سے اجازت لیے بغیر نہیں چلے جاتے اے پیغمبر صلی اللہ علیہ وآلہ وسلم! جو لوگ تم سے اجازت حاصل کرتے ہیں وہی اللہ اور اس کے رسول پر ایمان رکھتے ہیں سو جب بھی یہ لوگ تم سے کسی کام کے لیے اجازت مانگا کریں تو ان میں سے جسے چاہو اجازت دے دیا کرو اور ان کے لیے اللہ سے بخشش مانگا کرو۔ کچھ شک نہیں کہ اللہ بخشنے والا مہربان ہے۔

۶۳. مومنو! پیغمبر کے بلانے کو ایسا خیال نہ کرنا جیسا تم آپس میں ایک دوسرے کو بلاتے ہو بیشک اللہ کو وہ لوگ معلوم ہیں جو تم میں سے آنکھ بچا کر چل دیتے ہیں۔ تو جو لوگ ان کے حکم کی مخالفت کرتے ہیں ان کو ڈرنا چاہیے کہ ایسا نہ ہو کہ ان پر کوئی آفت پڑ جائے یا دردناک عذاب نازل ہو۔

۶۴. دیکھو جو کچھ آسمانوں اور زمین میں ہے سب اللہ ہی کا ہے. جس طریق پر تم ہو اسے جانتا ہے اور جس روز لوگ اس کی طرف لوٹائے جائیں گے تو جو عمل وہ کرتے رہے وہ ان کو بتا دے گا اور اللہ ہر چیز سے واقف ہے۔

۲۵۔ سورۃ الفرقان

۱۔ وہ بڑی برکت والا ہے جس نے اپنے بندے پر فرقان (قرآن) نازل فرمایا تاکہ اہل دنیا کو ڈرائے (ہدایت کرے)۔

۲۔ وہ ذات کہ آسمان اور زمین کی بادشاہی اسی کی ہے اور جس نے کسی کو بیٹا نہیں بنایا اور بادشاہی میں جس کا کوئی شریک نہیں اور جس نے ہر چیز کو پیدا کیا پھر اس کا ایک اندازہ ٹھہرایا۔

۳۔ اور لوگوں نے اس کے سوا اور معبود بنا لیے ہیں جو کوئی چیز بھی پیدا نہیں کر سکتے بلکہ خود پیدا کیے گئے ہیں اور نہ اپنے نقصان اور نفع کا کچھ اختیار رکھتے ہیں نہ مرنا ان کے اختیار میں ہے اور نہ جینا اور نہ مرنے کے بعد اٹھ کھڑے ہونا۔

۴۔ اور کافر کہتے ہیں کہ یہ قرآن من گھڑت باتیں ہیں جو یہ خود ہی بنا لایا ہے اور دوسرے لوگوں نے اس میں اس کی مدد کی ہے سو آ گئے یہ لوگ جھوٹ اور بے انصافی پر۔

۵۔ اور کہتے ہیں کہ یہ پہلے لوگوں کی کہانیاں ہیں جن کو اس نے جمع کر رکھا ہے اور وہی صبح و شام اس کو پڑھ پڑھ کر سنائی جاتی ہیں۔

۶.	کہہ دو کہ اس کو اس نے اتارا ہے جو آسمانوں اور زمین کی پوشیدہ باتوں کو جانتا ہے۔ بیشک وہ بخشنے والا مہربان ہے۔

۷.	اور کہتے ہیں کہ یہ کیسا پیغمبر ہے کہ کھانا کھاتا ہے اور بازاروں میں چلتا پھرتا ہے۔ اس پر کوئی فرشتہ کیوں نازل نہیں کیا گیا کہ اس کے ساتھ ڈرانے (ہدایت) کو رہتا۔

۸.	یا اس کی طرف (آسمان سے) خزانہ اتارا جاتا یا اس کا کوئی باغ ہوتا کہ اس میں سے کھایا کرتا۔ اور ظالم تو کہتے ہیں کہ تم جادو میں مبتلا ایک مرد کی پیروی کرتے ہو۔

۹.	اے پیغمبر ﷺ! دیکھو تو یہ تمہارے بارے میں کیسی کیسی باتیں کرتے ہیں۔ سو یہ گمراہ ہو گئے اور راستہ نہیں پا سکتے۔

۱۰.	وہ اللہ بڑی برکت والا ہے جو اگر چاہے تو تمہارے لیے اس سے بہتر چیزیں بنا دے یعنی باغات جن کے نیچے نہریں بہہ رہی ہوں اور تمہارے لیے محل بنا دے۔

۱۱.	بلکہ یہ تو قیامت ہی کو جھٹلاتے ہیں اور ہم نے قیامت کو جھٹلانے والوں کے لیے دوزخ تیار کر رکھی ہے۔

۱۲.	جس وقت وہ ان کو دور سے دیکھے تو یہ اس کا غصے سے چلانا اور چیخنا سنیں گے۔

۱۳.	اور جب یہ دوزخ کی کسی تنگ جگہ میں زنجیروں میں جکڑ کر ڈالے جائیں گے تو وہاں موت کو پکاریں گے۔

۱۴.	آج ایک ہی موت کو نہ پکارو بہت سی موتوں کو پکارو۔

۱۵۔ پوچھو! کہ یہ بہتر ہے یا ہمیشہ کا رہنے کا باغ جس کا پرہیزگاروں سے وعدہ ہے یہ ان کے عملوں کا بدلہ اور رہنے کا ٹھکانا ہوگا

۱۶۔ وہاں وہ جو چاہیں گے ان کو میسر ہوگا ہمیشہ اس میں رہیں گے یہ آپ کے رب کا وعدہ ہے جس کا مطالبہ کیا جا سکتا ہے۔

۱۷۔ اور جس دن اللہ ان کو اور جن کو وہ اللہ کے سوا پکارتے تھے جمع کرے گا تو فرمائے گا کیا تم نے میرے ان بندوں کو گمراہ کیا تھا یا یہ خود گمراہ ہو گئے تھے۔

۱۸۔ وہ کہیں گے تو پاک ہے ہم سے یہ نہ ہو سکتا تھا کہ تیرے سوا کسی کو دوست بنائیں۔ لیکن تو نے ہی ان کو اور ان کے باپ دادا کو استعمال کرنے کو نعمتیں دیں یہاں تک کہ وہ تیری یاد کو بھول گئے اور یہ ہلاک ہونے والے تھے۔

۱۹۔ تو (کافرو!) انہوں نے تو تمہیں جھٹلا دیا بس اب تم عذاب کو نہ پھیر سکتے ہو نہ کسی سے مدد لے سکتے ہو اور جو شخص تم میں سے ظلم کرے گا ہم اس کو بڑے عذاب کا مزہ چکھائیں گے۔

۲۰۔ اور ہم نے تم سے پہلے جتنے پیغمبر بھیجے ہیں سب کھانا کھاتے تھے اور بازاروں میں چلتے پھرتے تھے اور ہم نے تمہیں ایک دوسرے کے لیے آزمائش بنایا۔ کیا تم صبر کرو گے اور تمہارا رب تو دیکھنے والا ہے۔

۲۱۔ اور جو لوگ ہم سے ملنے کی امید نہیں رکھتے کہتے ہیں کہ ہم پر فرشتے کیوں نازل نہیں کیے گئے یا ہم اپنے رب کو دیکھ لیں یہ اپنے خیال میں بڑائی رکھتے ہیں اور اسی لیے بڑے سرکش ہو رہے ہیں۔

۲۲۔ جس دن یہ فرشتوں کو دیکھیں گے اس دن مجرموں کے لیے کوئی خوشی کی بات نہ ہوگی اور کہیں گے اللہ کرے تم روک لیے اور بند کر دیے جاؤ۔

۲۳۔ اور جو انہوں نے عمل کیے ہوں گے ہم ان کی طرف متوجہ ہوں گے تو ان کو اڑتی خاک کر دیں گے۔

۲۴۔ اس دن اہل جنت کا ٹھکانا بہتر ہوگا اور آرام کا اچھا ٹھکانا ہوگا

۲۵۔ اور جس دن آسمان ابر کے ساتھ پھٹ جائے گا اور فرشتے نازل کیے جائیں گے۔

۲۶۔ اس دن سچی بادشاہی اللہ ہی کی ہوگی اور وہ دن کفار پر سخت مشکل ہوگا۔

۲۷۔ اور جس دن گنہگار اپنے ہاتھ کاٹ کاٹ کھائے گا اور کہے گا کہ اے کاش میں نے پیغمبر کا راستہ اختیار کیا ہوتا۔

۲۸۔ ہائے شامت کاش میں نے فلاں شخص کو دوست نہ بنایا ہوتا

۲۹۔ اس نے نصیحت کی کتاب میرے پاس آنے کے بعد مجھے بہکا دیا اور شیطان انسان کو وقت پر دغا دینے والا ہے

۳۰.   اور رسول کہیں گے اے میرے رب! میری قوم نے تو اس قرآن کو چھوڑ رکھا تھا۔

۳۱.   اور اسی طرح ہم نے ہر نبی کے لیے مجرموں میں سے دشمن بنا رکھے ہیں اور تیرا رب راہ دکھانے اور مدد کرنے کو کافی ہے۔

۳۲.   اور وہ لوگ جو منکر ہیں کہنے لگے اس پر پورا قرآن ایک ہی دفعہ کیوں نہ اترا یہ اس لیے کہ ہم اس کے ذریعہ تیرے دل کو قوی رکھیں اور اسے ٹھہر ٹھہر کر پڑھ کر سنائیں۔

۳۳.   اور یہ لوگ تمہارے پاس جو اعتراض کی بات لاتے ہیں ہم تمہارے پاس اس کا معقول اور خوب واضح جواب بھیج دیتے ہیں۔

۳۴.   جو لوگ اپنے مونہوں کے بل دوزخ کی طرف جمع کیے جائیں گے ان کا ٹھکانا بھی برا ہے اور وہ رستے سے بھی بھکے ہوئے ہیں۔

۳۵.   اور ہم نے موسیٰؑ کو کتاب دی اور ان کے بھائی ہارونؑ کو ان کے ساتھ ملا کر ان کا مددگار بنا دیا۔

۳۶.   اور کہا کہ دونوں ان لوگوں کے پاس جاؤ جنھوں نے ہماری آیتوں کو جھٹلایا اور جب نافرمانی پر اڑے رہے تو ہم نے ان کو ہلاک کر ڈالا۔

۳۷. اور نوحؑ کی قوم نے بھی جب پیغام لانے والوں کو جھٹلایا تو ہم نے ان کو ڈبو دیا اور لوگوں کے لیے نشانی بنا دیا۔ اور ظالموں کے لیے ہم نے دکھ دینے والا عذاب تیار کر رکھا ہے

۳۸. عاد ثمود کنویں والوں اور ان کے علاوہ بہت سی درمیانی جماعتوں کو بھی ہلاک کر ڈالا۔

۳۹. اور سب کے سمجھانے کے لیے ہم نے مثالیں بیان کیں اور نہ ماننے پر سب کو تہس نہس کر دیا۔

۴۰. اور یہ لوگ اس بستی کے پاس ہو آئے ہیں جس پر برا مینہ برسا کیا انہوں نے اسے نہیں دیکھا ہو گا؟ بلکہ یہ مر کر جی اٹھنے کی امید نہیں رکھتے۔

۴۱. اور جب یہ لوگ تمہیں دیکھتے ہیں تو سوائے ٹھٹھہ مذاق کرنے کے انہیں اور کوئی کام نہیں (کہتے ہیں) کیا یہی ہے جسے اللہ نے پیغام دے کر بھیجا ہے؟

۴۲. یہ تو ہمیں ہمارے معبودوں سے دور ہی کر دیتا اگر ہم ان پر جمے نہ رہتے اور عنقریب جان لیں گے جس وقت عذاب دیکھیں گے کہ راہ سے بھٹکا ہوا کون ہے؟

۴۳. کیا تو نے اس شخص کو دیکھا ہے جس نے خواہش نفس کو معبود بنا رکھا ہے تو کیا تم اس پر نگہبان ہو سکتے ہو؟۔

۴۴.	یا تم یہ خیال کرتے ہو کہ ان میں اکثر سنتے یا سمجھتے ہیں؟ نہیں یہ تو چوپایوں کی طرح کے ہیں بلکہ ان سے بھی زیادہ گئے گزرے ہیں۔

۴۵.	بھلا تم نے اپنے رب کی قدرت کو نہیں دیکھا کہ وہ سائے کو کس طرح دراز کر کے پھیلا دیتا ہے اور اگر وہ چاہتا تو اس کو بے حرکت ٹھہرا رکھتا پھر سورج کو اس کا رہنما بنا دیتا ہے۔

۴۶.	پھر ہم آہستہ آہستہ اس کو اپنی طرف سمیٹ لیتے ہیں۔

۴۷.	اور وہی تو ہے جس نے رات کو تمہارے لیے پردہ اور نیند کو آرام بنایا اور دن کو اٹھ کھڑے ہونے کا وقت ٹھہرایا۔

۴۸.	اور وہی تو ہے جو اپنی رحمت (مینہ) کے آگے ہواؤں کو خوشخبری بنا کر بھیجتا ہے۔ اور ہم آسمان سے پاک اور نتھرا ہوا پانی برساتے ہیں۔

۴۹.	تاکہ اس سے مردہ زمین کو زندہ کر دیں اور پھر ہم اسے بہت سے چوپایوں اور انسانوں کو جو ہم نے پیدا کیے ہیں پلاتے ہیں۔

۵۰.	اور ہم نے اس (قرآن کی آیتوں) کو طرح طرح سے بیان کیا لوگوں کے لیے تاکہ نصیحت پکڑیں مگر بہت سے لوگوں نے انکار کے سوا قبول نہ کیا۔

۵۱.	اور اگر ہم چاہتے تو ہر بستی میں ڈرانے والا بھیج دیتے۔

۵۲.	تو تم کافروں کا کہا نہ مانو اور ان سے اس قرآن کے حکم کے مطابق بڑے جوش و جذبہ سے لڑو

۵۳.	اور وہی تو ہے جس نے دو دریاؤں کو ملا دیا ایک کا پانی شیریں ہے پیاس بجھانے والا اور دوسرے کا کھاری چھاتی جلانے والا اور دونوں کے درمیان ایک آڑ اور مضبوط اوٹ بنا دی۔

۵۴.	اور وہی تو ہے جس نے پانی سے آدمی پیدا کیا پھر اس کو صاحب نسب اور سسرال بنا دیے اور تمہارا رب ہر طرح کی قدرت رکھتا ہے۔

۵۵.	اور یہ لوگ اللہ کو چھوڑ کر ایسی چیز کی عبادت کر رہے ہیں جو نہ ان کو فائدہ پہنچا سکے اور نہ نقصان اور کفار اپنے رب کی مخالفت میں پوری کوشش کرتے ہیں۔

۵۶.	اور (اے محمد صلی اللہ علیہ وآلہ وسلم!) ہم نے آپ کو صرف خوشی اور عذاب کی خبر سنانے کو بھیجا ہے۔

۵۷.	کہہ دو کہ میں تم سے اس کام کی اجرت نہیں مانگتا ہاں جو شخص چاہے اپنے رب کی طرف جانے کا رستہ اختیار کرے۔

۵۸.	اور اس زندہ اللہ پر بھروسہ رکھو جو کبھی نہیں مرے گا اور اس کی تعریف کے ساتھ تسبیح کرتے رہو اور وہ اپنے بندوں کے گناہوں سے خبر رکھنے کو کافی ہے۔

۵۹.	جس نے آسمانوں اور زمین کو اور جو کچھ ان دونوں کے درمیان ہے چھ دن میں پیدا کیا پھر عرش پر جا ٹھہرا وہ جس کا نام رحمٰن (یعنی بڑا مہربان) ہے تو اس کا حال کسی باخبر رکھنے والے سے پوچھ لو۔

۶۰.	جب ان کفار سے کہا جاتا ہے کہ رحمٰن کو سجدہ کرو تو کہتے ہیں رحمٰن کیا ہے؟ کیا ہم اس کو سجدہ کرنے لگیں جس کے لیے تو کہے اس پر ان کا بدکنا اور بڑھ جاتا ہے۔

۶۱.	اور اللہ بڑی برکت والا ہے جس نے آسمانوں میں برج بنائے اور ان میں آفتاب کا نہایت روشن چراغ اور چمکتا ہوا چاند بھی بنایا۔

۶۲.	اور وہی تو ہے جس نے رات اور دن کو آگے پیچھے آنے جانے والا بنایا یہ چیزیں اس شخص کے لیے جو غور کرنا چاہے یا شکر گزاری کا ارادہ کرے (سوچنے اور سمجھنے کی ہیں)۔

۶۳.	اور اللہ کے بندے تو وہ ہیں جو زمین پر آہستگی سے چلتے ہیں اور جاہل لوگ ان سے بات کرتے ہیں تو وہ ان کو سلام کہتے ہیں۔

۶۴.	اور وہ جو اپنے رب کے آگے سجدے کر کے اور عجز و انکساری سے کھڑے رہ کر راتیں بسر کرتے ہیں۔

۶۵.	اور وہ جو دعا مانگتے رہتے ہیں کہ اے رب العزت دوزخ کے عذاب سے ہم کو بچانا کہ اس کا عذاب بڑا تکلیف دینے والا ہے۔

۶۶.	اور دوزخ ٹھہرنے اور رہنے کی بڑی بری جگہ ہے۔

۶۷. اور وہ جب خرچ کرتے ہیں تو نہ فضول خرچ کرتے ہیں اور نہ ہی بخل کرتے ہیں بلکہ درمیانہ، یعنی میانہ روری سے کام لیتے ہیں۔

۶۸. اور وہ جو اللہ کے ساتھ کسی اور کو شریک نہیں بناتے اور جس کا قتل اللہ نے حرام قرار دیا ہے اس کو قتل نہیں کرتے مگر جائز طریقہ (یعنی شریعت کے مطابق) اور بدکاری نہیں کرتے اور جو بھی یہ کام کرے گا سخت گناہ میں بتلا ہوگا

۶۹. قیامت کے دن اس کو دگنا عذاب ہوگا اور ذلت و خواری سے ہمیشہ اس میں رہے گا۔

۷۰. مگر جس نے توبہ کی اور ایمان لایا اور اچھے کام کیے تو ایسے لوگوں کے گناہوں کو اللہ نیکیوں سے بدل دے گا اور اللہ تو بخشنے والا مہربان ہے۔

۷۱. اور جو توبہ کرتا ہے اور نیک عمل کرتا ہے تو بیشک وہ اللہ کی طرف رجوع کرتا ہے۔

۷۲. اور وہ جھوٹی گواہی نہیں دیتے اور جب ان کو برے (لغو) کے پاس سے گزرنے کا اتفاق ہو تو سنجیدگی سے گزر جاتے ہیں۔

۷۳. اور وہ لوگ کہ جب ان کو رب کی باتیں بتائیں جاتی ہیں تو وہ اندھے اور بہرے ہو کر نہیں گزر جاتے۔ (بلکہ غور و فکر سے سنتے ہیں)

۷۴۔ اور وہ جو اللہ سے دعا مانگتے ہیں کہ اے ہمارے رب! ہم کو اپنی بیویوں (کی طرف سے دل کا چین) اور اولاد کی طرف سے آنکھ کی ٹھنڈک عطا فرما اور ہمیں پرہیزگاروں کا امام بنا۔

۷۵۔ ان صفات کے لوگوں کو صبر کے بدلے اونچے اونچے محل دیے جائیں گے اور وہاں فرشتے ان سے دعا و سلام سے ملاقات کریں گے۔

۷۶۔ اس میں وہ ہمیشہ رہیں گے اور وہ ٹھہرنے اور رہنے کی بہت عمدہ جگہ ہے۔

۷۷۔ کہہ دو کہ اگر تم اللہ کو نہیں پکارتے تو میرا رب بھی تمہیں یاد نہیں رکھتا (پرواہ نہیں کرتا) تم نے جھٹلا دیا ہے سو اس کی سزا تمہیں ضرور ملے گی۔

۲۶۔ سورۃ الشعراء

۱۔ طٰسٓمٓ

۲۔ یہ روشن کتاب کی آیات ہیں۔

۳۔ شاید آپ اس غم سے کہ یہ لوگ ایمان نہیں لاتے اپنے آپ کو ہلاک کر دیں گے۔

۴۔ اگر ہم چاہیں تو ہم آسمان سے ان کے لیے نشانی اتاریں پھر ان کی گردنیں اس کے آگے جھک جائیں۔

۵۔ ان کے پاس رحمن کی طرف سے کوئی نئی نشانی (نصیحت) نہیں آتی مگر یہ اس سے منہ پھیر لیتے ہیں۔

۶۔ پس یہ تو جھٹلا چکے اب ان کو اس بات کی حقیقت معلوم ہو جائے گی جس کا وہ مذاق اڑاتے تھے۔

۷۔ کیا انہوں نے زمین کی طرف نہیں دیکھا کہ ہم نے اس میں کتنی عمدہ نباتات اگائی ہیں؟۔

۸۔ کچھ شک نہیں کہ اس میں قدرت الٰہی کی نشانیاں ہیں مگر یہ اکثر ایمان لانے والے نہیں۔

۹۔ اور آپ کا رب غالب اور مہربان ہے۔

۱۰۔ اور جب تمہارے رب نے موسیٰؑ سے کہا کہ ظالم لوگوں کے پاس جاؤ۔

۱۱۔ قوم فرعون کے پاس کیا وہ ڈرتے نہیں۔

۱۲۔ انہوں نے کہا میرے پروردگار! میں ڈرتا ہوں کہ یہ مجھے جھوٹا سمجھیں گے۔

۱۳۔ اور میرا دل تنگ ہوتا ہے اور میری زبان رکتی ہے (بولنے میں روانی نہیں) تو ہارونؑ کو (میرے ساتھ) بھیج دے۔

۱۴۔ اور ان لوگوں کا مجھ پر ایک الزام (یعنی قبطی کو مارنے کا دعویٰ بھی ہے) تو مجھے ڈر ہے کہ وہ مجھے مار ہی ڈالیں۔

۱۵۔ فرمایا ہرگز نہیں تم دونوں ہماری نشانیاں لے کر جاؤ ہم تمہارے ساتھ سننے والے ہیں۔

۱۶۔ تو تم دونوں فرعون کے پاس جاؤ اور کہو کہ ہم تمام جہانوں کے مالک کی طرف سے بھیجے ہوئے ہیں۔

۱۷۔ اور اس لیے آئے ہیں کہ آپ بنی اسرائیل کو ہمارے ساتھ جانے کی اجازت دیں۔

۱۸. فرعون نے موسیٰ سے کہا کیا ہم نے تم کو کہ جب بچے تھے پرورش نہیں کیا اور تم نے برسوں ہمارے پاس زندگی نہیں گزاری ؟

۱۹. اور تم نے ایک اور کام کیا تھا جس کا تو نے ارتکاب کیا تم ناشکرے معلوم ہوتے ہو۔

۲۰. موسیٰ نے کہا ہاں وہ حرکت مجھ سے اتفاقاً ہوگئی تھی اور میں خطا کاروں میں تھا۔

۲۱. تو جب مجھے تم سے ڈر لگا میں یہاں سے بھاگ گیا پھر اللہ نے مجھے حکمت (نبوت) اور علم بخشا اور مجھے پیغمبروں میں سے کیا۔

۲۲. اور کیا یہی احسان ہے جو آپ مجھ پر رکھتے ہیں کہ آپ نے بنی اسرائیل کو غلام بنا رکھا ہے۔

۲۳. فرعون نے کہا کہ تمام جہانوں کا مالک کیا؟

۲۴. کہا کہ آسمانوں اور زمین اور جو کچھ ان دونوں میں ہے سب کا رب بشرطیکہ تم لوگوں کو یقین ہو

۲۵. فرعون نے اپنے اہل دربار سے کہا کہ کیا تم سنتے نہیں ؟

۲۶. موسیٰ نے کہا کہ تمہارا رب اور تمہارے پہلے باپ دادا کا مالک۔

۲۷. فرعون نے کہا یہ پیغمبر جو تمہاری طرف بھیجا گیا ہے باؤلا ہے۔

۲۸. موسیٰ نے کہا کہ مشرق اور مغرب اور جو کچھ ان دونوں میں ہے سب کا رب اگر تم کو سمجھ ہو۔

۲۹. فرعون نے کہا کہ اگر تم نے میرے سوا کسی اور کو معبود بنایا تو میں تمہیں قید کر دوں گا۔

۳۰. موسیٰ نے کہا خواہ میں آپ کے پاس روشن چیز (یعنی معجزہ) لاؤں ؟

۳۱. فرعون نے کہا اگر سچے ہو تو اسے لاؤ دکھاؤ۔

۳۲. پس انہوں نے اپنی لاٹھی ڈال دی تو وہ اسی وقت صریح اژدہا بن گئی۔

۳۳. اور اپنا ہاتھ جو نکالا تو اسی وقت دیکھنے والوں کے لیے سفید چمکدار دکھائی دینے لگا۔

۳۴. فرعون نے اپنے سرداروں سے کہا کہ یہ تو ماہر جادوگر ہے۔

۳۵. چاہتا ہے کہ تم کو اپنے جادو کے زور سے تمہارے ملک سے نکال دے تو تمہاری کیا رائے ہے ؟

۳۶. انہوں نے کہا اس کے اور اس کے بھائی کو کچھ مہلت دیں اور شہروں میں اعلان کروا دیجیے۔

۳۷. کہ سب ماہر جادوگروں کو جمع کر کے آپ کے پاس لے آئیں۔

۳۸. تو جادوگر ایک مقررہ دن وقت پر جمع ہو گئے۔

۳۹. اور لوگوں سے کہہ دیا گیا کہ سب اکٹھے ہو جائیں۔

۴۰. تاکہ اگر جادوگر غالب رہیں تو ہم ان کے پیرو ہو جائیں۔

۴۱. جب جادوگر آ گئے تو فرعون سے کہنے لگے کہ اگر ہم غالب رہے تو ہمیں انعام بھی ملے گا؟

۴۲. فرعون نے کہا ہاں اور تم مقربوں (خاص لوگوں) میں بھی شامل کر دیے جاؤ گے۔

۴۳. موسیٰؑ نے ان سے کہا جو چیز ڈالنی چاہو ڈالو۔

۴۴. تو انہوں نے اپنی رسیاں اور لاٹھیاں ڈال دیں اور کہنے لگے فرعون کے اقبال کی قسم ہم ضرور غالب رہیں گے

۴۵. پھر موسیٰؑ نے اپنی لاٹھی ڈالی تو وہ ان تمام چیزوں کو جو جادوگروں نے بنائی تھیں نگلنے لگی۔

۴۶. جادوگر سجدے میں گر پڑے۔

۴۷. اور کہنے لگے ہم تمام جہانوں کے رب پر ایمان لائے۔

۴۸. جو موسیٰؑ اور ہارونؑ کا رب ہے۔

۴۹. فرعون نے کہا کیا اس سے پہلے کہ میں تمہیں اجازت دوں تم اس پر ایمان لے آئے بیشک یہ تمہارا بڑا ہے جس نے تم کو جادو سکھایا ہے سو عنقریب تم اس کا انجام معلوم

کر لو گے کہ میں تمہارے ہاتھ اور پاؤں مخالف طرف سے کاٹ دوں گا اور تم سب کو سولی پر چڑھا دوں گا۔

۵۰. انہوں نے کہا کہ کچھ نقصان کی بات نہیں ہم اپنے رب کی طرف لوٹ کر جانے والے ہیں۔

۵۱. ہمیں امید ہے کہ ہمارا رب ہمارے گناہ بخش دے گا۔ اس لیے کہ ہم اول ایمان لانے والوں میں ہیں۔

۵۲. اور ہم نے موسیٰؑ کی طرف وحی بھیجی کہ ہمارے بندوں کو رات کو لے نکلو کہ (فرعون کی طرف سے) تمہارا پیچھا کیا جائے گا۔

۵۳. تو فرعون نے شہروں میں نقیب روانہ کیے۔

۵۴. اور کہا کہ یہ لوگ تھوڑی سی جماعت ہے۔

۵۵. اور یہ ہمیں غصہ دلا رہے ہیں۔

۵۶. اور ہم سب ساز و سامان سے لیس ہیں۔

۵۷. تو ہم نے ان کو باغوں اور چشموں سے نکال دیا۔

۵۸. خزانوں اور نفیس مکانات سے۔

۵۹. ان کے ساتھ ہم نے اس طرح کیا اور ان چیزوں کا وارث بنی اسرائیل کو کر دیا۔

۶۰. تو انہوں نے سورج نکلنے کے وقت (یعنی صبح) ان کا تعاقب کیا۔

۶۱. جب دونوں جماعتیں آمنے سامنے ہوئیں تو موسیٰ کے ساتھی کہنے لگے کہ ہم تو پکڑ لیے گئے۔

۶۲. موسیٰ نے کہا ہرگز نہیں میرا رب میرے ساتھ ہے وہ مجھے رستہ بتائے گا۔

۶۳. اس وقت ہم نے موسیٰ کی طرف وحی بھیجی کہ اپنی لاٹھی دریا پر مارو، تو دریا پھٹ گیا اور ہر ایک طرف یوں ہو گئی کہ گویا بڑا پہاڑ ہے۔

۶۴. اور دوسروں کو وہاں ہم نے قریب کر دیا۔

۶۵. موسیٰ اور ان کے ساتھ والوں کو بچا لیا۔

۶۶. پھر دوسروں (فرعونیوں) کو ڈبو دیا۔

۶۷. بیشک اس (واقعے) میں نشانی ہے لیکن یہ اکثر ایمان لانے والے نہیں۔

۶۸. اور تمہارا رب تو غالب اور مہربان ہے۔

۶۹. تو ان کو ابراہیمؑ کا حال پڑھ کر سنا دو۔

۷۰. جب انہوں نے اپنے باپ اور اپنی قوم سے کہا کہ تم کس چیز کی عبادت کرتے ہو؟۔

۷۱. وہ بولے کہ ہم بتوں کو پوجتے ہیں اور ان کی پوجا پر قائم ہیں۔

۷۲. ابراہیمؑ نے کہا کہ جب تم ان کو پکارتے ہو تو کیا وہ تمہاری آواز سنتے ہیں؟۔

۷۳. یا تمہیں کوئی فائدہ دے سکتے ہیں یا نقصان پہنچا سکتے ہیں ؟۔

۷۴. انہوں نے کہا نہیں بلکہ ہم نے اپنے باپ دادا کو اسی طرح کرتے دیکھا ہے۔

۷۵. ابراہیمؑ نے کہا کیا تم نے دیکھا کہ جن کو تم پوجتے رہے ہو۔

۷۶. تم بھی اور تمہارے اگلے باپ دادا بھی۔

۷۷. وہ میرے دشمن ہیں مگر اللہ رب العالمین میرا دوست ہے۔

۷۸. جس نے مجھے پیدا کیا ہے اور وہی مجھے رستہ دکھاتا ہے۔

۷۹. اور وہ جو مجھے کھلاتا پلاتا ہے

۸۰. اور جب میں بیمار پڑتا ہوں تو مجھے شفا دیتا ہے۔

۸۱. اور وہ جو مجھے مارے گا پھر زندہ کرے گا

۸۲. اور وہ جس سے میں امید رکھتا ہوں کہ قیامت کے دن میرے گناہ بخش دے گا۔

۸۳. اے رب! مجھے حکمت (دانش) سکھا اور نیکوکاروں میں شامل فرما۔

۸۴. اور پچھلے لوگوں میں میرا ذکر نیک جاری رکھ۔

۸۵. اور مجھے نعمتوں کی بہشت کے وارثوں میں کر۔

۸۶. اور میرے باپ کو بخش دے کہ وہ گمراہوں میں سے ہے۔

۸۷. اور جس دن لوگ اٹھا کھڑے کیے جائیں گے مجھے رسوا نہ کرنا۔

۸۸. جس دن مال کچھ فائدہ دے سکے گا اور نہ بیٹے۔

۸۹. ہاں جو اللہ کے پاس پاک دل لے کر آیا وہ بچ جائے گا۔

۹۰. اور بہشت پرہیز گاروں کے قریب کر دی جائے گی۔

۹۱. اور دوزخ گمراہوں کے سامنے لائی جائے گی۔

۹۲. اور ان سے کہا جائے گا جن کو تم پوجتے تھے وہ کہاں ہیں؟

۹۳. جن کو اللہ کے سوا پوجتے تھے کیا وہ تمہاری مدد کر سکتے ہیں یا خود بدلہ لے سکتے ہیں؟

۹۴. تو وہ اور گمراہ (یعنی بت اور بت پرست) اوندھے منہ دوزخ میں ڈال دیے جائیں گے۔

۹۵. اور شیطان کے لشکر سب کے سب جہنم میں داخل کیے جائیں گے۔

۹۶. وہاں وہ آپس میں جھگڑیں گے اور کہیں گے۔

۹۷. کہ اللہ کی قسم ہم تو صریح گمراہی میں تھے۔

۹۸. جب کہ تمہیں رب العالمین کے برابر ٹھہراتے تھے۔

۹۹. اور ہم کو ان گنہگاروں ہی نے گمراہ کیا تھا۔

۱۰۰. تو آج نہ کوئی ہمارا سفارش کرنے والا ہے۔

۱۰۱. اور نہ گرم جوش دوست۔

۱۰۲۔ کاش ہمیں دنیا میں پھر جانا ہو تو ہم مومنوں میں سے ہو جائیں ۔

۱۰۳۔ بیشک اس میں نشانی ہے مگر ان میں اکثر ایمان لانے والے نہیں ۔

۱۰۴۔ اور تمہارا پروردگار تو غالب اور مہربان ہے

۱۰۵۔ قوم نوحؑ نے بھی رسولوں کو جھٹلایا ۔

۱۰۶۔ جب ان کے بھائی نوحؑ نے ان سے کہا کہ تم ڈرتے کیوں نہیں ۔

۱۰۷۔ میں تو تمہارا امانت دار پیغمبر ہوں ۔

۱۰۸۔ تو اللہ سے ڈرو اور میرا کہا مانو۔

۱۰۹۔ اور میں اس کام کا تم سے صلہ نہیں مانگتا میرا صلہ تو اللہ رب العالمین کے پاس ہے ۔

۱۱۰۔ تو اللہ سے ڈرو اور میرے کہنے پر چلو۔

۱۱۱۔ وہ بولے کہ کیا ہم تم کو مان لیں اور تمہارے پیرو تو رذیل لوگ ہوئے ہیں ۔

۱۱۲۔ نوحؑ نے کہا کہ مجھے کیا معلوم کہ وہ کیا کرتے ہیں ۔

۱۱۳۔ ان کا حساب اعمال میرے رب کے ذمہ ہے کاش تم سمجھو۔

۱۱۴۔ اور میں مومنوں کو نکال دینے والا نہیں ہوں ۔

۱۱۵۔ میں تو صرف کھول کھول کر ڈرانے والا ہوں ۔

۱۱۶. انہوں نے کہا کہ نوحؑ اگر تم باز نہ آئے تو سنگسار کردیے جاؤ گے۔

۱۱۷. نوحؑ نے کہا اے میرے رب میری قوم نے تو مجھے جھٹلا دیا ہے۔

۱۱۸. سو تو میرے اور ان کے درمیان ایک کھلا فیصلہ کردے۔ مجھے اور جو مومن
میرے ساتھ ہیں انہیں بچالے۔

۱۱۹. پس ہم نے ان کو اور جو ان کے ساتھ بھری ہوئی کشتی میں سوار تھے ان کو بچالیا

۱۲۰. پھر اس کے بعد باقی لوگوں کو ڈبو دیا۔

۱۲۱. بیشک اس میں نشانی ہے اور ان میں اکثر ایمان لانے والے نہیں تھے

۱۲۲. اور تمہارا پروردگار تو غالب اور مہربان ہے

۱۲۳. عاد نے بھی رسولوں کو جھٹلایا۔

۱۲۴. جب ان سے ان کے بھائی ہودؑ نے کہا کیا تم ڈرتے نہیں؟

۱۲۵. میں تو تمہارا امانت دار پیغمبر ہوں۔

۱۲۶. تو اللہ سے ڈرو اور میرا کہنا مانو۔

۱۲۷. اور میں اس پر تم سے کوئی بدلہ نہیں مانگتا میرا بدلہ رب العالمین کے ذمہ ہے

۱۲۸. بھلا تم ہر اونچی جگہ پر عبث نشان تعمیر کرتے ہو

۱۲۹. اور محل بناتے ہو شاید تم ہمیشہ رہو گے

۱۳۰. اور جب کسی کو پکڑتے ہو تو ظالمانہ پکڑتے ہو

۱۳۱. تو اللہ سے ڈرو اور میری اطاعت کرو۔

۱۳۲. اور اس سے. جس نے تم کو ان چیزوں سے مدد دی جن کو تم جانتے ہو ڈرو

۱۳۳. اس نے تمہیں مویشیوں اور بیٹوں سے مدد دی۔

۱۳۴.)اور باغوں اور چشموں سے

۱۳۵. مجھے تمہارے بارے میں بڑے سخت دن کے عذاب کا خوف ہے

۱۳۶. وہ بولے کہ ہمیں نصیحت کرو یا نہ کرو ہمارے لیے یکساں ہے۔

۱۳۷. یہ تو اگلوں ہی کے طریقے ہیں

۱۳۸. اور ہم پر کوئی عذاب نہیں آئے گا۔

۱۳۹. تو انہوں نے اس (ہودؑ) کو جھٹلایا سو ہم نے ان کو ہلاک کر ڈالا بیشک اس میں نشانی ہے اور ان میں اکثر ایمان لانے والے نہیں تھے

۱۴۰. اور بیشک تمہارا رب تو غالب اور مہربان ہے۔

۱۴۱. اور قوم ثمود نے بھی رسولوں کو جھٹلایا۔

۱۴۲. جب ان سے ان کے بھائی صالحؑ نے کہا تم ڈرتے کیوں نہیں ؟۔

۱۴۳. میں تو تمہارا امانت دار پیغمبر ہوں

۱۴۴. توالله سے ڈرو اور میرا کہا مانو۔

۱۴۵. اور میں اس کا تم سے بدلہ نہیں مانگتا میرا بدلہ اللہ رب العالمین کے ذمے ہے۔

۱۴۶. کیا جو چیزیں تمہیں یہاں میسر ہیں ان میں تم بے خوف چھوڑ دیے جاؤ گے

۱۴۷. باغات اور چشموں میں۔

۱۴۸. کھیتیاں اور کھجوریں جن کے خوشے لطیف اور نازک ہوتے ہیں۔

۱۴۹. اور تکلف خوشی سے فخر سے پہاڑوں میں تراش تراش کر گھر بناتے ہو۔

۱۵۰. توالله سے ڈرو اور میرے کہے پر چلو۔

۱۵۱. اور حد سے بڑھنے والوں کی بات نہ مانو۔

۱۵۲. جو ملک میں فساد کرتے ہیں اور اصلاح نہیں کرتے۔

۱۵۳. وہ کہنے لگے کہ تم جادو زدہ ہو۔

۱۵۴. تم تو صرف ہماری طرح کے آدمی ہو اگر سچے ہو تو کوئی نشانی پیش کرو۔

۱۵۵. صالحؑ نے کہا دیکھو! یہ اونٹنی ہے ایک دن اس کے پانی پینے کی باری ہے اور ایک دن تمہاری باری۔

۱۵۶. اس کو کوئی تکلیف نہ دینا نہیں تو تم کو سخت عذاب آ پکڑے گا۔

۱۵۷. تو انہوں نے اس کی کونچیں کاٹ ڈالیں پھر نادم ہوئے۔

۱۵۸.	سو ان کو عذاب نے آ پکڑا بیشک اس میں نشانی ہے اور ان میں اکثر ایمان لانے والے نہیں تھے

۱۵۹.	بیشک تمہارا پروردگار غالب اور مہربان ہے۔

۱۶۰.	اور قوم لوطؑ نے بھی رسولوں کو جھٹلایا۔

۱۶۱.	جب ان سے ان کے بھائی لوطؑ نے کہا کہ تم کیوں نہیں ڈرتے؟

۱۶۲.	میں تو تمہارا امانت دار پیغمبر ہوں۔

۱۶۳.	تو اللہ سے ڈرو اور میرا کہا مانو۔

۱۶۴.	اور میں تم سے اس کام کا بدلہ نہیں مانگتا میرا بدلہ اللہ رب العالمین کے ذمے ہے۔

۱۶۵.	کیا تم اہل عالم میں سے لڑکوں پر مائل ہوتے ہو۔

۱۶۶.	اور تمہارے رب نے تمہارے لیے تمہاری بیویاں پیدا کی ہیں ان کو چھوڑ دیتے ہو حقیقت یہ ہے کہ تم حد سے نکل جانے والے لوگ ہو۔

۱۶۷.	وہ کہنے لگے کہ لوطؑ اگر تم باز نہ آئے تو شہر سے نکال دیے جاؤ گے۔

۱۶۸.	لوطؑ نے کہا کہ میں تمہارے کام سے سخت بیزار ہوں۔

۱۶۹.	اے میرے رب مجھ کو اور میرے گھر والوں کو ان کے کاموں کے وبال سے نجات دے۔

۱۷۰. سو ہم نے ان کو اور ان کے گھر والوں کو نجات دی۔

۱۷۱. مگر ایک بڑھیا کہ پیچھے رہ گئی۔

۱۷۲. پھر ہم نے اوروں کو ہلاک کر دیا۔

۱۷۳. اور ان پر مینہ برسایا سو جو مینہ ان لوگوں پر برسایا جو ڈرائے گئے تھے وہ برا تھا۔

۱۷۴. بیشک اس میں نشانی ہے اور ان میں اکثر ایمان لانے والے نہیں تھے۔

۱۷۵. اور بیشک تمہارا رب تو غالب اور مہربان ہے۔

۱۷۶. اور بن کے رہنے والوں نے بھی رسولوں کو جھٹلایا۔

۱۷۷. جب ان سے شعیبؑ نے کہا کہ تم ڈرتے کیوں نہیں؟۔

۱۷۸. میں تو تمہارا امانت دار پیغمبر ہوں۔

۱۷۹. تو اللہ سے ڈرو اور میرا کہا مانو۔

۱۸۰. اور میں اس کام کا تم سے کچھ بدلہ نہیں مانگتا میرا بدلہ تو اللہ رب العالمین کے ذمہ ہے۔

۱۸۱. دیکھو پیمانہ پورا بھرا کرو اور نقصان نہ کیا کرو۔

۱۸۲. اور ترازو سیدھی رکھ کر تولا کرو۔

۱۸۳. اور لوگوں کو ان کی چیزیں کم نہ دیا کرو اور ملک میں فساد نہ کرتے پھرو۔

۱۸۴۔ اور اس سے ڈرو جس نے تمہیں اور پہلی خلقت کو پیدا کیا

۱۸۵۔ وہ کہنے لگے کہ تم جادو زدہ ہو۔

۱۸۶۔ تم اور کچھ نہیں ہم ہی جیسے آدمی ہو اور ہمارا خیال ہے کہ تم جھوٹے ہو

۱۸۷۔ اگر سچے ہو تو آسمان سے ہم پر ایک ٹکڑا لا گراؤ۔

۱۸۸۔ شعیبؑ نے کہا کہ جو کام تم کرتے ہو میرا رب اس سے خوب واقف ہے۔

۱۸۹۔ تو ان لوگوں نے ان کو جھٹلایا پس سائبان کے عذاب نے ان کو آ پکڑا بیشک وہ بڑے سخت دن کا عذاب تھا

۱۹۰۔ اس میں یقیناً نشانی ہے اور ان میں اکثر ایمان لانے والے نہیں تھے۔

۱۹۱۔ اور بیشک تمہارا رب تو غالب اور مہربان ہے

۱۹۲۔ اور یہ قرآن اللہ رب العالمین کا اتارا ہوا ہے۔

۱۹۳۔ اس کو امانت دار فرشتہ لے کر اترا ہے۔

۱۹۴۔ اس نے تمہارے دل پر القا کیا ہے تاکہ آپ لوگوں کو نصیحت کرتے رہیں۔

۱۹۵۔ اور فصیح عربی زبان میں کیا ہے۔

۱۹۶۔ اور اس کی خبر پہلے (پیغمبروں) کی کتابوں میں لکھی ہوئی ہے۔

۱۹۷۔ کیا ان کے لیے یہ سند نہیں ہے کہ علمائے بنی اسرائیل اس بات کو جانتے ہیں۔

۱۹۸.   اور اگر ہم اس کو کسی غیر اہل زبان پر اتارتے۔

۱۹۹.   اور وہ اسے ان لوگوں کو پڑھ کر سناتا تو یہ اسے کبھی نہ مانتے۔

۲۰۰.   اسی طرح ہم نے (انکار کو) گنہگاروں کے دلوں میں داخل کر دیا۔

۲۰۱.   وہ جب تک درد دینے والا عذاب نہ دیکھ لیں گے اس کو نہیں مانیں گے۔

۲۰۲.   وہ ان پر ناگہاں آ واقع ہوگا اور انہیں خبر بھی نہ ہوگی۔

۲۰۳.   اس وقت کہیں گے کیا ہمیں مہلت ملے گی؟

۲۰۴.   تو کیا یہ ہمارے عذاب کو جلدی طلب کر رہے ہیں۔

۲۰۵.   بھلا دیکھو تو اگر ہم ان کو برسوں فائدے دیتے رہیں۔

۲۰۶.   پھر ان پر وہ عذاب آ واقع ہو جس کا ان سے وعدہ کیا جاتا ہے۔

۲۰۷.   تو جو فائدے یہ اٹھاتے رہے ان کے کس کام آئیں گے۔

۲۰۸.   اور ہم نے کوئی بستی ہلاک نہیں کی مگر اس کے لیے ڈرانے والا پہلے بھیج دیتے تھے۔

۲۰۹.   تاکہ نصیحت کر دیں اور ہم ظالم نہیں ہیں

۲۱۰.   اور اس قرآن کو شیطان لے کر نازل نہیں ہوئے

۲۱۱.   یہ کام نہ ان کو سزاوار ہے اور نہ وہ اس کی طاقت رکھتے ہیں

۲۱۲. وہ آسمانی باتیں سننے کے مقامات سے الگ کر دیے گئے ہیں۔

۲۱۳. تو اللہ کے سوا کسی اور معبود کو مت پکارنا ورنہ تم کو عذاب دیا جائے گا

۲۱۴. اور اپنے قریب کے رشتہ داروں کو ڈر سنا دو۔

۲۱۵. اور جو مومن تمہارے پیرو ہو گئے ہیں ان سے بتواضع پیش آؤ

۲۱۶. پھر اگر لوگ تمہاری نافرمانی کریں تو کہہ دو کہ میں تمہارے اعمال سے بے تعلق ہوں

۲۱۷. اور اللہ غالب اور مہربان پر بھروسہ رکھو۔

۲۱۸. جب آپ قیام کرتے ہیں تو وہ آپ کو دیکھ رہا ہوتا ہے۔

۲۱۹. اور سجدہ کرنے والوں کے درمیان بھی آپ کے پھرنے کو بھی۔

۲۲۰. بیشک وہ سننے والا اور جاننے والا ہے

۲۲۱. اچھا میں تم کو بتاؤں کہ شیطان کس پر اترتے ہیں؟

۲۲۲. ہر جھوٹے گنہگار پر اترتے ہیں

۲۲۳. جو سنی ہوئی بات اس کے کان میں ڈال دیتے ہیں اور وہ اکثر جھوٹے ہیں

۲۲۴. اور شاعروں کی پیروی گمراہ لوگ کیا کرتے ہیں۔

۲۲۵. کیا تم نے نہیں دیکھا کہ وہ ہر وادی میں سر مارتے پھرتے ہیں؟

۲۲۶. اور کہتے وہ ہیں جو کرتے نہیں

۲۲۷. مگر جو لوگ ایمان لائے، نیک کام کیے، اللہ کو بہت یاد کرتے رہے، اپنے اوپر ظلم ہونے کے بعد انتقام لیا اور ظالم عنقریب جان لیں گے کہ کون سی جگہ لوٹ کر جاتے ہیں

۲۷۔ سورۃ النمل

۱.　طٰس ۔ یہ قرآن اور کتاب روشن کی آیتیں ہیں

۲.　مومنوں کے لیے ہدایت اور بشارت ہے ۔

۳.　وہ جو نماز قائم کرتے زکوٰۃ دیتے اور آخرت کا یقین رکھتے ہیں ۔

۴.　جو لوگ آخرت پر ایمان نہیں رکھتے ہم نے ان کے اعمال ان کے لیے آراستہ کر دیے ہیں تو وہ سر گردان پھر رہے ہیں ۔

۵.　یہی لوگ ہیں جن کے لیے بڑا عذاب ہے اور وہ آخرت میں بھی بہت نقصان اٹھانے والے ہیں ۔

٦.　اور تم کو قرآن اللہ حکیم و علیم کی طرف سے عطا کیا جاتا ہے ۔

۷.　جب موسیٰ نے اپنے گھر والوں کو کہا کہ میں نے آگ دیکھی ہے میں رستے کا پتہ لاتا ہوں یا سلگتا ہوا انگارہ تمہارے پاس لاتا ہوں تاکہ تم تاپو ۔

۸.	جب موسیٰ اس کے پاس آئے تو آواز آئی کہ وہ جو آگ میں ہے بابرکت ہے اور وہ جو آگ کے ارد گرد ہے اور اللہ جو تمام جہانوں کا رب ہے پاک ہے۔

۹.	اے موسیٰ میں ہی اللہ غالب اور دانا ہوں۔

۱۰.	اور اپنی لاٹھی ڈال دو! جب اس (موسیٰ) نے اسے دیکھا تو سانپ کی طرح ہل رہی تھی تو پیٹھ پھیر کر بھاگے اور پیچھے مڑ کر نہ دیکھا حکم ہوا کہ موسیٰ ڈرو مت ہمارے پاس پیغمبر ڈرا نہیں کرتے۔

۱۱.	ہاں! جس نے ظلم کیا پھر برائی کے بعد اسے نیکی سے بدل دیا تو میں بخشنے والا، مہربان ہوں۔

۱۲.	اور اپنا ہاتھ اپنے گریبان میں ڈالو بغیر کسی عیب کے سفید نکلے گا، (یہ دو معجزے) ان نو معجزوں میں سے ہیں جو کہ فرعون اور اس کی قوم کے لیے کہ وہ بدکردار لوگ ہیں۔

۱۳.	جب ان کے پاس ہماری روشن نشانیاں پہنچیں تو کہنے لگے کہ یہ تو صریح جادو ہے

۱۴.	اور بے انصافی اور غرور سے ان سے انکار کیا لیکن ان کے دل ان کو مان چکے تھے سو دیکھ لو کہ فساد کرنے والوں کا انجام کیسا ہوا؟

۱۵.	اور ہم نے داؤدؑ اور سلیمانؑ کو علم بخشا اور انہوں نے کہا اللہ کا شکر ہے جس نے بہت سے مومن بندوں پر ہمیں فضیلت بخشی۔

۱۶.	اور سلیمانؑ داؤدؑ کے وارث بنے اور کہنے لگے لوگو! ہمیں اللہ کی طرف سے جانوروں کی بولیاں سکھائی گئی ہیں اور ہر چیز عنایت کی گئی ہے بیشک یہ اس کا صریح فضل ہے۔

۱۷.	اور سلیمانؑ کے لیے جنوں انسانوں اور پرندوں کے لشکر جمع کیے گئے اور وہ جماعت وار کیے گئے تھے۔

۱۸.	یہاں تک کہ جب وہ چیونٹیوں کے میدان میں پہنچے تو ایک چیونٹی نے کہا چیونٹیو! اپنے اپنے بلوں میں داخل ہو جاؤ ایسا نہ ہو کہ سلیمانؑ اور اس کے لشکر تم کو کچل ڈالیں اور ان کو خبر بھی نہ ہو۔

۱۹.	تو سلیمانؑ اس کی بات سے مسکراتے ہوئے ہنس پڑے اور کہنے لگے اے پروردگار! مجھے توفیق عطا کر کہ جو احسان تو نے مجھ پر اور میرے ماں باپ پر کیے ہیں ان کا شکر کروں اور ایسے نیک کام کروں کہ تو ان سے خوش ہو جائے اور مجھے اپنی رحمت سے اپنے نیک بندوں میں داخل فرما۔

۲۰.	اور جب انھوں نے جانوروں کا جائزہ لیا تو کہنے لگے کیا سبب ہے کہ ہدہد نظر نہیں آتا کیا کہیں غائب ہو گیا ہے؟

۲۱.	میں اسے سخت سزا دوں گا یا ذبح کر ڈالوں گا یا میرے سامنے (اپنے بے قصور ہونے کی) واضح وجہ بیان کرے

۲۲. ابھی تھوڑی ہی دیر ہوئی تھی کہ ہدہد آموجود ہوا اور کہنے لگا کہ مجھے ایک ایسی چیز معلوم ہوئی ہے. جس کی آپ کو خبر نہیں اور میں آپ کے پاس اس شہر سبا سے ایک یقینی خبر لے کر آیا ہوں۔

۲۳. میں نے ایک عورت دیکھی کہ ان لوگوں پر بادشاہت کرتی ہے اور اسے ہر چیز میسر ہے اور اس کا ایک بڑا تخت ہے۔

۲۴. میں نے دیکھا کہ وہ اور اس کی قوم اللہ کو چھوڑ کر آفتاب کو سجدہ کرتے ہیں اور شیطان نے ان کے اعمال انہیں آراستہ کر دکھائے ہیں اور ان کو رستہ سے روک رکھا ہے پس وہ ہدایت پر نہیں آتے۔

۲۵. اور کیوں نہیں وہ اللہ کو سجدہ کرتے جو آسمانوں اور زمین میں چھپی چیزوں کو ظاہر کر دیتا ہے اور تمہارے پوشیدہ اور ظاہر اعمال کو جانتا ہے۔

۲۶. اللہ کے سوا کوئی عبادت کے لائق نہیں وہی عرش عظیم کا مالک ہے۔

۲۷. سلیمانؑ نے کہا اچھا ہم دیکھیں گے تو نے سچ کہا ہے یا تو جھوٹا ہے ؟

۲۸. یہ میرا خط لے جا اور اسے ان کی طرف ڈال دے پھر ان کے پاس سے پھر آ اور دیکھ کہ وہ کیا جواب دیتے ہیں۔

۲۹. ملکہ نے کہا کہ درباروالو! میری طرف ایک نامہ گرامی ڈالا گیا ہے۔

۳۰. وہ سلیمانؑ کی طرف سے ہے اور مضمون یہ ہے کہ: شروع اللہ کا نام لے کر جو بڑا مہربان نہایت رحم والا ہے۔

۳۱. اس کے بعد یہ کہ مجھ سے سرکشی نہ کرو اور مطیع ہو کر میرے پاس چلے آؤ۔

۳۲. خط سنا کہ کہنے لگی کہ اے اہل دربار! میرے اس معاملہ میں مجھے مشورہ دو جب تک تم حاضر نہ ہو (اور مشورہ نہ دو) میں کسی کام کا فیصلہ کرنے والی نہیں۔

۳۳. وہ بولے کہ ہم بڑے زور آور اور جنگجو ہیں اور حکم آپ کے اختیار میں ہے جو حکم آپ دیں اس کے انجام پر آپ غور کر لیں۔

۳۴. اس نے کہا کہ بادشاہ جب کسی شہر میں داخل ہوتے ہیں تو اس کو تباہ کر دیتے ہیں اور وہاں کے عزت والوں کو ذلیل کر دیا کرتے ہیں اور اسی طرح یہ بھی کریں گے۔

۳۵. اور میں ان کی طرف کچھ تحفے بھیجتی ہوں اور دیکھتی ہوں کہ قاصد کیا جواب لاتا ہے؟

۳۶. جب قاصد سلیمانؑ کے پاس پہنچا تو سلیمانؑ نے کہا کیا تم مجھے مال سے مدد دینا چاہتے ہو؟ جو کچھ اللہ نے مجھے دیا ہے وہ اس سے بہتر ہے جو تمہیں دیا ہے حقیقت یہ ہے کہ اپنے تحفے سے تم ہی خوش ہوتے ہو گے۔

۳۷۔ ان کے پاس واپس جاؤ ہم ان پر ایسے لشکر لے کر حملہ کریں گے جن کے مقابلہ کی انہیں طاقت نہ ہوگی اور ان کو وہاں سے بے عزت کر کے نکال دیں گے اور وہ ذلیل ہوں گے۔

۳۸۔ سلیمانؑ نے کہا کہ اے درباروالو! کوئی تم میں ایسا ہے کہ قبل اس کے کہ وہ لوگ فرمانبردار ہو کر ہمارے پاس آئیں ملکہ کا تخت میرے پاس لے آئے۔

۳۹۔ جنات میں سے ایک مضبوط جن نے کہا کہ قبل اس کے کہ آپ اپنی جگہ سے اٹھیں میں اس کو آپ کے پاس لا حاضر کرتا ہوں اور مجھے اس پر قدرت بھی حاصل ہے اور میں امانتدار بھی ہوں۔

۴۰۔ اس نے کہا جس کے پاس کتاب کا علم تھا کہ میں آپ کی آنکھ جھپکنے سے پہلے پہلے اسے آپ کے پاس حاضر کیے دیتا ہوں، جب سلیمانؑ نے تخت کو اپنے پاس رکھے ہوئے دیکھا تو کہا کہ یہ میرے رب کا فضل ہے تاکہ مجھے آزمائے کہ میں شکر کرتا ہوں یا کفران نعمت کرتا ہوں اور جو شکر کرتا ہے تو اپنے ہی فائدے کے لیے شکر کرتا ہے اور جو ناشکری کرتا ہے تو میرا رب بے پرواہ اور کرم کرنے والا ہے۔

۴۱۔ سلیمانؑ نے کہا کہ (ملکہ کی عقل کے امتحان کے لیے) اس کے تخت کی صورت بدل دو دیکھیں کہ وہ سوجھ رکھتی ہے یا ان لوگوں میں سے ہے جو سوجھ نہیں رکھتے۔

۴۲۔ جب وہ آ پہنچی تو پوچھا گیا کیا آپ کا تخت بھی اسی طرح کا ہے؟ اس نے کہا کہ یہ تو گویا ہو بہو وہی ہے اور ہم کو پہلے ہی سلیمانؑ کی عظمت اور شان کا علم ہو گیا تھا اور ہم فرمانبردار ہیں۔

۴۳۔ اور وہ جو اللہ کے سوا کسی اور کی پرستش کرتی تھی سلیمانؑ نے اس کو اس سے منع کیا اس سے پہلے تو وہ کافروں میں سے تھی۔

۴۴۔ پھر اس سے کہا گیا کہ محل میں چلیے جب اس نے اس کے فرش کو دیکھا تو اسے پانی کا حوض سمجھا اور کپڑا اٹھا کر اپنی پنڈلیاں کھول دیں۔ سلیمانؑ نے کہا یہ ایسا محل ہے جس کے نیچے بھی شیشے جڑے ہوئے ہیں۔ وہ بول اٹھی کہ رب العزت میں اپنے اوپر ظلم کرتی رہی تھی اور اب میں سلیمانؑ کے ہاتھ پر رب العالمین پر ایمان لاتی ہوں۔

۴۵۔ اور ہم نے ثمود کی طرف ان کے بھائی صالحؑ کو بھیجا کہ اللہ کی عبادت کرو تو وہ دو فریق ہو کر آپس میں جھگڑنے لگے۔

۴۶۔ صالحؑ نے کہا کہ اے قوم! تم بھلائی سے پہلے برائی کے لیے کیوں جلدی کرتے ہو اور اللہ سے بخشش کیوں نہیں مانگتے تاکہ تم پر رحم کیا جائے۔

۴۷۔ وہ کہنے لگے تم اور تمہارے ساتھی ہمارے لیے شگون بد ہیں صالحؑ نے کہا کہ تمہاری بدشگونی اللہ کی طرف سے ہے بلکہ تم ایسے لوگ ہو جن کی آزمائش کی جاتی ہے۔

۴۸.	اور شہر میں نو شخص تھے جو فساد کیا کرتے تھے زمین میں اور اصلاح سے کام نہیں لیتے تھے۔

۴۹.	کہنے لگے کہ اللہ کی قسم کھاؤ کہ ہم رات کو اس پر اور اس کے گھر والوں پر شبخوں ماریں گے پھر اس کے وارثوں سے کہہ دیں گے کہ ہم تو اس کے گھر والوں کی ہلاکت کے وقت وہاں گئے ہی نہیں اور ہم سچ کہتے ہیں۔

۵۰.	اور وہ ایک چال چلے اور ہم نے ان کی چال انہیں پر لوٹا دی اور وہ کچھ شعور نہیں رکھتے تھے۔

۵۱.	تو دیکھ لو کہ ان کی چال کا کیسا انجام ہوا؟ ہم نے ان کو اور ان کی قوم سب کو ہلاک کر ڈالا۔

۵۲.	اب یہ ان کے گھر ان کے ظلم کی وجہ سے خالی پڑے ہیں۔ جو لوگ علم رکھتے ہیں ان کے لیے اس میں نشانی ہے۔

۵۳.	اور جو لوگ ایمان لائے اور ڈرتے تھے ان کو ہم نے نجات دی۔

۵۴.	اور لوطؑ کو یاد کرو جب انہوں نے اپنی قوم سے کہا کہ تم بے حیائی کے کام کیوں کرتے ہو؟ اور حالانکہ تم دیکھتے ہو۔

۵۵.	کیا تم عورتوں کو چھوڑ کر لذت حاصل کرنے کے لیے مردوں کی طرف مائل ہوتے ہو؟ حقیقت یہ ہے کہ تم احمق لوگ ہو۔

۵۶. توان کی قوم کے لوگ بولے تو یہ بولے اس کے سوا ان کا کچھ جواب نہ تھا۔ کہ لوطؑ کے گھر والوں کو اپنے شہر سے نکال دو یہ لوگ پاک بننا چاہتے ہیں۔

۵۷. تو ہم نے ان کو اور ان کے گھر والوں کو نجات دی مگر ان کی بیوی کے لیے ہم نے مقرر کر رکھا تھا کہ وہ پیچھے رہنے والوں میں ہوگی۔

۵۸. ہم نے ان پر مینہ برسایا سو جو مینہ ان لوگوں پر برسا جن کو خبر دار کر دیا گیا تھا برا برسا تھا۔

۵۹. کہہ دو کہ سب تعریف اللہ ہی کے لیے ہے اور اس کے بندوں پر سلام ہے جن کو اس نے منتخب فرمایا بھلا اللہ بہتر ہے یا وہ جن کو یہ اس کا شریک بناتے ہیں۔

۶۰. بھلا کس نے آسمانوں اور زمین کو پیدا کیا اور کس نے تمہارے لیے آسمان سے پانی برسایا پھر ہم نے اس سے سر سبز باغ اگائے۔ تمہارا کام تو نہ تھا کہ تم ان کے درختوں کو اگاتے تو کیا اللہ کے ساتھ کوئی اور بھی معبود ہے؟ ہر گز نہیں بلکہ یہ لوگ نا انصافی کر رہے ہیں۔

۶۱. بھلا کس نے زمین کو قرار گاہ بنایا؟ اور اس کے اندر نہریں بنائیں اور اس کے لیے پہاڑ بنائے اور کس نے دو دریاؤں کے درمیان اوٹ بنائی؟ یہ سب کچھ اللہ نے بنایا تو کیا اللہ کے ساتھ کوئی اور معبود بھی ہے؟ (ہر گز نہیں) بلکہ ان میں اکثر نہیں جانتے۔

۶۲. بھلا کون بے قرار کی التجا قبول کرتا ہے؟ جب وہ اس سے دعا کرتا ہے۔ اور کون اس کی تکلیف کو دور کرتا ہے؟ اور کون تم کو اگلوں کا جانشین بناتا ہے؟ (یہ سب کچھ اللہ کرتا ہے) تو کیا اللہ کے ساتھ کوئی اور معبود بھی ہے؟ ہر گز نہیں مگر تم بہت کم غور کرتے ہو۔

۶۳. بھلا کون تم کو جنگل اور دریا کے اندھیروں میں رستہ بتاتا ہے؟ اور کون ہواؤں کو اپنی رحمت کے آگے خوشخبری بنا کر بھیجتا ہے؟ (یہ سب کچھ اللہ کرتا ہے) تو کیا اللہ کے ساتھ کوئی اور معبود بھی ہے؟ (ہر گز نہیں) یہ لوگ جو شرک کرتے ہیں اللہ کی شان اس سے بلند ہے۔

۶۴. بھلا کون خلقت کو پہلی بار پیدا کرتا ہے۔ پھر اس کو لوٹائے گا اور کون تم کو آسمان اور زمین سے رزق دیتا ہے؟ (یہ سب کچھ اللہ کرتا ہے)۔ تو کیا اللہ کے ساتھ کوئی اور معبود بھی ہے؟ (ہر گز نہیں) فرما دیں (کہ مشرکو!) اگر تم سچے ہو تو دلیل پیش کرو۔

۶۵. فرما دیں کہ آسمانوں اور زمین میں غیب (چھپی چیزوں) کو اللہ کے علاوہ کوئی نہیں جانتا اور نہ یہ جانتے ہیں کہ کب زندہ کر کے اٹھائے جائیں گے۔

۶۶. بلکہ آخرت کے بارے میں ان کا علم ختم ہو چکا ہے بلکہ وہ اس سے شک میں ہیں بلکہ اس سے اندھے ہو رہے ہیں۔

۶۷. اور جو لوگ کافر ہیں کہتے ہیں، جب ہم اور ہمارے باپ دادا مٹی ہو جائیں گے تو کیا ہم پھر قبروں سے نکالے جائیں گے؟

۶۸. یہ وعدہ ہم سے اور ہم سے پہلے باپ دادا سے ہوتا چلا آیا ہے۔ (کہاں کا اٹھنا اور کیسی قیامت) یہ تو صرف پہلے لوگوں کی کہانیاں ہیں۔

۶۹. کہہ دو کہ ملک میں چلو پھرو پھر دیکھو کہ گنہگاروں کا انجام کیا ہوا ہے

۷۰. ان کے حال پر غم نہ کرنا اور نہ ان کی چالوں سے تنگ دل ہونا جو یہ کر رہے ہیں۔

۷۱. اور کہتے ہیں کہ اگر تم سچے ہو تو یہ وعدہ کب پورا ہوگا؟۔

۷۲. فرما دیں کہ جس عذاب کے لیے تم جلدی کر رہے ہو۔ شاید اس میں سے کچھ تمہارے پاس نزدیک آ پہنچا ہو۔

۷۳. اور آپ کا رب تو لوگوں پر فضل کرنے والا ہے۔ مگر ان میں سے اکثر شکر نہیں کرتے۔

۷۴. اور جو باتیں ان کے سینوں میں پوشیدہ ہوتی ہیں اور جو کام وہ ظاہر کرتے ہیں آپ کا رب ان سب کو جانتا ہے

۷۵. اور آسمانوں اور زمین میں کوئی پوشیدہ چیز نہیں ہے مگر وہ کتاب روشن میں لکھی ہوئی ہے۔

۷۶. بیشک یہ قرآن بنی اسرائیل کے سامنے اکثر باتیں جن میں وہ اختلاف کرتے ہیں بیان کر دیتا ہے۔

۷۷. اور بیشک یہ مومنوں کے لیے ہدایت اور رحمت ہے۔

۷۸. آپ کا رب قیامت کے روز ان میں اپنے حکم سے فیصلہ کر دے گا وہ غالب اور علم والا ہے۔

۷۹. آپ اللہ پر بھروسہ رکھیں آپ کھلے حق پر ہیں۔

۸۰. کچھ شک نہیں کہ آپ مردوں کو بات نہیں سنا سکتے اور نہ بہروں کو سنا سکتے ہیں جب کہ وہ پیٹھ پھیر کر پھر جائیں۔

۸۱. نہ اندھوں کو گمراہی سے نکال کر ہدایت دے سکتے ہیں۔ آپ تو انہی کو سنا سکتے ہیں جو ہماری آیتوں پر ایمان لاتے ہیں اور وہ فرمانبردار ہو جاتے ہیں۔

۸۲. اور جب ان کے بارے میں عذاب کا وعدہ پورا ہوگا تو ہم ان کے لیے زمین میں سے ایک جانور نکالیں گے جو ان سے کلام کرے گا، بیشک لوگ ہماری آیتوں پر ایمان نہیں لاتے۔

۸۳. اور جس روز ہم ہر امت میں سے اس گروہ کو جمع کریں گے جو ہماری آیتوں کو جھٹلاتے تھے اور ان کی جماعت بندی کی جائے گی۔

۸۴۔	یہاں تک کہ جب سب آجائیں گے تو اللہ فرمائے گا کہ کیا تم نے میری آیتوں کو جھٹلا دیا تھا؟ اور تم نے اپنے علم سے ان پر احاطہ تو کیا ہی نہ تھا۔ بھلا تم کیا کرتے تھے؟۔

۸۵۔	اور ان کے ظلم کے سبب ان کے حق میں عذاب کا وعدہ پورا ہو کر رہے گا۔ تو وہ بول بھی نہ سکیں گے۔

۸۶۔	کیا انہوں نے نہیں دیکھا کہ ہم نے رات کو اس لیے بنایا ہے کہ اس میں آرام کریں اور دن کو روشن بنایا ہے کہ اس میں کام کریں بیشک اس میں مومن لوگوں کے لیے نشانیاں ہیں۔

۸۷۔	اور جس روز صور پھونکا جائے گا تو جو لوگ آسمانوں اور زمین میں ہیں سب گھبرا اٹھیں گے مگر وہ جسے اللہ چاہے اور سب اس کے پاس عاجز ہو کر چلے آئیں گے۔

۸۸۔	اور آپ پہاڑوں کو دیکھیں گے تو خیال کریں گے کہ اپنی جگہ پر کھڑے ہیں مگر وہ اس روز اس طرح اڑتے پھریں گے جیسے بادل یہ اللہ کی حکمت ہے جس نے ہر چیز کو مضبوط بنایا۔ بیشک وہ تمہارے سب کاموں سے باخبر ہے۔

۸۹۔	جو شخص نیکی لے کر آئے گا تو اس کے لیے اس سے بہتر بدلہ تیار ہے اور ایسے لوگ اس دن گھبراہٹ سے بے خوف ہوں گے۔

۹۰۔	اور جو برائی لے کر آئے گا تو ایسے لوگ اوندھے منہ دوزخ میں ڈال دیے جائیں گے۔ تم کو تو انہی اعمال کا بدلہ ملے گا جو تم کرتے رہے ہو۔

۹۱. فرما دیں مجھے یہی کہا گیا ہے کہ اس شہر مکہ کے مالک کی عبادت کروں جس نے اس کو محترم اور ادب کا مقام بنایا اور سب چیز اسی کی ہے۔ اور یہ بھی حکم ہوا ہے کہ اس کا فرمانبردار رہوں۔

۹۲. اور یہ بھی کہ قرآن پڑھا کروں تو جو شخص راہ راست اختیار کرتا ہے تو اپنے ہی فائدہ کے لیے اختیار کرتا ہے۔ اور جو گمراہ رہتا ہے تو فرما دیں کہ میں تو صرف نصیحت کرنے والا ہوں۔

۹۳. اور فرمائیں کہ اللہ کا شکر ہے کہ وہ تم کو عنقریب اپنی نشانیاں دکھائے گا تو تم ان کو پہچان لوگے اور جو کام تم کرتے ہو تمہارا رب ان سے بےخبر نہیں ہے۔

۲۸۔ سورۃ القصص

۱۔ طٰسٓمٓ۔ (حروف مقطعات میں سے ہے۔)

۲۔ یہ کتاب روشن کی آیتیں ہیں۔

۳۔ (اے محمد صلی اللہ علیہ وآلہ وسلم!) ہم آپ کو موسیٰ اور فرعون کے کچھ حالات مومن لوگوں کو سنانے کے لیے صحیح صحیح سناتے ہیں۔

۴۔ کہ فرعون ملک میں سرکش ہو چکا تھا اور وہاں کے باشندوں کو گروہ گروہ بنا رکھا تھا۔ ان میں سے ایک گروہ کو یہاں تک کمزور کر دیا تھا کہ ان کے بیٹوں کو ذبح کر ڈالتا اور ان کی لڑکیوں کو زندہ رہنے دیتا بیشک وہ مفسدوں میں تھا۔

۵۔ اور ہم چاہتے تھے کہ ملک میں جو لوگ کمزور کر دیے گئے ہیں ان پر احسان کریں اور ان کو پیشوا بنائیں اور انہیں ملک کا وارث کریں

۶۔ اور ملک میں ان کو قدرت دیں فرعون ہامان اور ان کے لشکر کو وہ چیزیں دکھا دیں جن سے وہ ڈرتے ہیں۔

۷. اور ہم نے موسیٰؑ کی ماں کی طرف وحی بھیجی کہ اس کو دودھ پلاؤ جب تمہیں اس کے بارے میں کچھ خوف پیدا ہو تو اسے دریا میں ڈال دینا نہ خوف کھانا اور نہ رنج کرنا ہم اس کو واپس تمہارے پاس پہنچا دیں گے اور پھر اسے پیغمبر بنا دیں گے۔

۸. تو فرعون کے لوگوں نے اسے اٹھا لیا اس لیے کہ نتیجہ یہ ہونا تھا کہ وہ ان کا دشمن اور ان کے لیے موجب غم ہو۔ بیشک فرعون ہامان اور ان کے لشکر چوک گئے

۹. اور فرعون کی بیوی نے کہا کہ یہ میری اور تمہاری دونوں کی آنکھوں کی ٹھنڈک ہے اس کو قتل نہ کرنا شاید یہ ہمیں فائدہ پہنچائے یا ہم اسے بیٹا بنا لیں اور وہ انجام سے بےخبر تھے۔

۱۰. اور موسیٰؑ کی ماں کا دل بے قرار ہو گیا اگر ہم اس کا دل مضبوط نہ کر دیتے تو قریب تھا کہ وہ اس غصہ کو ظاہر کر دیں غرض یہ تھی کہ وہ مومنوں میں رہیں۔

۱۱. اور اس کی بہن سے کہا کہ پیچھے پیچھے چلی جا۔ تو وہ اسے دور سے دیکھتی رہی اور ان لوگوں کو کچھ خبر نہ تھی۔

۱۲. اور ہم نے پہلے ہی سے اس پر دائیوں کے دودھ حرام کر دیے تھے۔ تو موسیٰؑ کی بہن نے کہا کہ میں تمہیں ایسے گھر والے بتاؤں کہ تمہارے لیے اس بچے کو پالیں اور خیر خواہی سے اس کی پرورش کریں۔

۱۳. تو ہم نے اس طرح ان کو ان کی ماں کے پاس واپس پہنچا دیا تاکہ ان کی آنکھیں ٹھنڈی ہوں اور وہ غم نہ کھائیں اور معلوم ہو جائے کہ اللہ کا وعدہ سچا ہے لیکن یہ اکثر نہیں جانتے

۱۴. اور جب موسیٰ جوانی کو پہنچے اور بھرپور جوان ہو گئے تو ہم نے ان کو علم اور حکمت عطا کیا اور ہم نیکو کاروں کو ایسا ہی بدلہ دیا کرتے ہیں۔

۱۵. اور وہ ایسے وقت شہر میں داخل ہوئے کہ وہاں کے باشندے بےخبر ہو رہے تھے تو دیکھا کہ وہاں دو شخص لڑ رہے تھے ایک تو موسیٰ کی قوم کا اور دوسرا ان کے دشمنوں میں سے تھا تو جو شخص اس کی قوم میں سے تھا اس نے دوسرے شخص کے مقابلے میں جو دشمنوں میں سے تھا اس کے خلاف مدد طلب کی تو انہوں نے اس کو مکہ مارا اور اس کا کام تمام کر دیا کہنے لگے کہ یہ ہوا شیطان کے کام سے بیشک وہ انسان کا دشمن اور صریح بہکانے والا ہے۔

۱۶. بولے کہ یا رب میں نے اپنے آپ پر ظلم کیا ہے تو مجھے بخش دے تو اللہ نے ان کو بخش دیا بیشک وہ بخشنے والا مہربان ہے۔

۱۷. بولے اے رب العزت! تو نے جو مجھ پر مہربانی فرمائی ہے میں آئندہ کبھی گنہگاروں کا مددگار نہ بنوں گا۔

۱۸. الغرض صبح کے وقت ڈرتے ڈرتے شہر میں داخل ہوئے کہ دیکھیں کیا ہوتا ہے، تو اچانک وہی شخص جس نے کل مدد مانگی تھی پھر ان کو پکار رہا ہے موسیٰ نے اس سے کہا کہ تو تو صریح گمراہی میں ہے۔

۱۹. جب موسیٰ نے ارادہ کیا کہ اس شخص کو جو دونوں کا دشمن تھا پکڑ لیں تو وہ یعنی موسیٰ کی قوم کا آدمی بول اٹھا کہ جس طرح تو نے کل ایک شخص کو مار ڈالا تھا اسی طرح چاہتے ہو کہ مجھے بھی مار ڈالو۔ تم تو یہی چاہتے ہو کہ ملک میں ظلم و ستم کرتے پھرو اور یہ نہیں چاہتے کہ نیکو کاروں میں ہو۔

۲۰. اور ایک شخص شہر کی پرلی طرف سے دوڑتا ہوا آیا اور بولا موسیٰ شہر کے رئیس تمہارے بارے میں صلاحیں کرتے ہیں کہ تم کو مار ڈالیں سو تم یہاں سے نکل جاؤ۔ میں تمہارا خیر خواہ ہوں۔

۲۱. موسیٰ وہاں سے ڈرتے ڈرتے نکل کھڑے ہوئے کہ دیکھیں کیا ہوتا ہے اور دعا کرنے لگے کہ اے پروردگار مجھے ظالم لوگوں سے نجات دے۔

۲۲. اور جب مدین کی طرف رخ کیا تو کہنے لگے امید ہے کہ میرا رب مجھے سیدھا رستہ بتائے۔

۲۳. اور جب مدین کے پاس پہنچے تو دیکھا کہ وہاں لوگ جمع ہو رہے ہیں اور اپنے جانوروں کو پانی پلا رہے ہیں اور ان کے ایک طرف دو عورتیں اپنی بکریوں کو روکے کھڑی

ہیں موسیٰ نے ان سے کہا تمہارا کیا کام ہے؟ وہ بولیں کہ جب تک چرواہے اپنے جانوروں کو لے نہ جائیں ہم پانی نہیں پلا سکتے اور ہمارے والد بڑی عمر کے بوڑھے ہیں۔

۲۴. تو موسیٰ نے ان کے لیے بکریوں کو پانی پلا دیا پھر سائے کی طرف چلے گئے اور بولے پروردگار میں اس کا محتاج ہوں کہ تو مجھ پر اپنی رحمت نازل فرمائے۔

۲۵. تھوڑی دیر کے بعد ان میں سے ایک عورت جو شرماتی لجاتی چلی آ رہی تھی موسیٰ کے پاس آئی اور کہنے لگی کہ تم کو میرے والد بلاتے ہیں کہ تم نے جو ہمارے لیے پانی پلایا تھا اس کی تم کو اجرت دیں۔ جب وہ ان کے پاس آئے اور ان سے اپنا معاملہ بیان کیا تو انہوں نے کہا کچھ خوف نہ کرو تم ظالم لوگوں سے بچ آئے ہو۔

۲۶. ایک لڑکی بولی کہ ابا جان ان کو نوکر رکھ لیجئے کیونکہ بہتر نوکر جو آپ رکھیں وہ ہے کہ جو توانا اور امانت دار ہو۔

۲۷. انہوں نے موسیٰ سے کہا کہ میں چاہتا ہوں اپنی دو بیٹیوں میں سے ایک کو تم سے بیاہ دوں اس معاہدے پر کہ تم آٹھ برس میری خدمت کرو گے اور اگر دس سال پورے کر دو تو یہ تمہاری طرف سے احسان ہے اور میں تم پر زیادتی کرنا نہیں چاہتا تم انشاء اللہ مجھے نیک انسانوں میں پاؤ گے۔

۲۸. موسیٰ نے کہا کہ آپ میں اور مجھ میں یہ عہد پکا ہوا میں جو مقررہ مدت چاہوں پوری کر دوں گا پھر مجھ پر کوئی زیادتی نہ ہو اور ہم جو معاہدہ کرتے ہیں اللہ اس پر گواہ ہے۔

۲۹.   جب موسیٰ نے مدت پوری کر دی اور اپنے گھر کے لوگوں کو لے کر چلے تو طور کی طرف سے آگ دکھائی دی تو اپنے گھر والوں سے کہنے لگے کہ تم یہاں ٹھہرو مجھے آگ نظر آئی ہے شاید میں وہاں سے رستے کا کوئی پتہ لاؤں یا آگ کا انگارہ لے آؤں تاکہ تم تاپو۔

۳۰.   جب اس کے پاس پہنچے تو میدان کے دائیں کنارے سے ایک مبارک جگہ میں ایک درخت سے آواز آئی کہ موسیٰ میں تو اللہ رب العالمین ہوں۔

۳۱.   اور یہ کہ اپنی لاٹھی ڈال دو۔ جب دیکھا کہ وہ حرکت کر رہی ہے گویا سانپ ہے تو پیٹھ پھیر کر بھاگ پڑے اور پیچھے مڑ کر بھی نہ دیکھا۔ ہم نے کہا کہ موسیٰ آگے آؤ اور ڈرو مت تم امن پانے والوں میں ہو۔

۳۲.   اپنا ہاتھ گریبان میں ڈالو تو بغیر کسی عیب کے سفید نکل آئے گا۔ اور خوف دور ہونے کی وجہ سے اپنے بازو کو اپنی طرف سکیڑ لو۔ یہ دو معجزے تمہارے رب کی طرف سے ہیں۔ ان کے ساتھ فرعون اور اس کے درباریوں کے پاس جاؤ کہ وہ نافرمان لوگ ہیں۔

۳۳.   موسیٰ نے کہا اے رب العزت! ان میں سے ایک شخص میرے ہاتھوں قتل ہو چکا ہے سو مجھے خوف ہے کہ وہ کہیں مجھے مار نہ ڈالیں۔

۳۴.   اور ہارونؑ میرا بھائی کہ اس کی زبان مجھ سے زیادہ فصیح ہے تو اس کو میرے ساتھ مددگار بنا کر بھیج کہ میری تصدیق کرے مجھے خوف ہے کہ وہ مجھے جھٹلائیں گے۔

۳۵. اللہ نے فرمایا ہم تمہارے بھائی سے تمہارے بازو مضبوط کریں گے اور تم دونوں کو غلبہ دیں گے تو ہماری نشانیوں کے سبب وہ تم تک پہنچ نہ سکیں گے تم اور تمہاری پیروی کرنے والے غالب رہیں گے۔

۳۶. اور جب موسیٰ ان کے پاس ہماری کھلی نشانیاں لے کر آئے تو وہ کہنے لگے کہ یہ تو جادو ہے جو اس نے بنا کھڑا کیا ہے اور یہ باتیں ہم نے اپنے اگلے باپ دادا میں تو کبھی سنی نہیں۔

۳۷. اور موسیٰ نے کہا کہ میرا رب اس شخص کو خوب جانتا ہے جو اس کی طرف سے حق لے کر آیا ہے اور جس کے لیے عاقبت کا گھر (بہشت ہے) بیشک ظالم نجات نہیں پائیں گے۔

۳۸. اور فرعون نے کہا کہ اے اہل دربار! میں تمہارا اپنے سوا کسی کو معبود نہیں جانتا تو ہامان میرے لیے گارے کو آگ لگا کر اینٹیں پکا دو پھر ایک اونچا محل بنا دو تاکہ میں موسیٰ کے رب کی طرف چڑھ جاؤں اور میں تو اسے جھوٹا سمجھتا ہوں۔

۳۹. وہ اور اس کے لشکر ملک میں خواہ مخواہ مغرور ہو رہے تھے اور خیال کرتے تھے کہ وہ ہماری طرف لوٹ کر نہیں آئیں گے۔

۴۰. تو ہم نے ان کو اور ان کے لشکروں کو پکڑ لیا اور دریا میں ڈال دیا۔ سو دیکھ لو ظالموں کا کیسا انجام ہوا

۴۱. اور ہم نے ان کو پیشوا بنایا تھا وہ لوگوں کو دوزخ کی طرف بلاتے تھے اور قیامت کے دن ان کی مدد نہیں کی جائے گی۔

۴۲. اور اس دنیا میں ہم نے ان کے پیچھے لعنت لگا دی اور وہ قیامت کے روز بھی بد حالوں میں ہوں گے۔

۴۳. اور ہم نے پہلی امتوں کو ہلاک کرنے کے بعد موسیٰ کو کتاب دی جو لوگوں کے لیے بصیرت ہدایت اور رحمت ہے تاکہ وہ نصیحت پکڑیں۔

۴۴. اور جب ہم نے موسیٰ کی طرف حکم بھیجا تو آپ طور کی غرب کی طرف نہیں تھے اور نہ اس واقعہ کو دیکھنے والوں میں تھے۔

۴۵. لیکن ہم نے موسیٰ کے بعد کئی امتوں کو پیدا کیا پھر ان پر مدت طویل گزر گئی اور نہ آپ مدین والوں میں رہنے والے تھے کہ ان کو ہماری آیتیں پڑھ پڑھ کر سناتے تھے۔ ہاں ہم ہی تو پیغمبر بھیجنے والے تھے

۴۶. اور نہ آپ اس وقت جب کہ ہم نے موسیٰ کو آواز دی طور کے کنارے تھے بلکہ آپ کا بھیجا جانا آپ کے رب کی رحمت ہے تاکہ آپ ان لوگوں کو جن کے پاس آپ سے پہلے کوئی ہدایت کرنے والا نہیں آیا ہدایت کریں تاکہ وہ نصیحت پکڑیں۔

۴۷. اور (اے پیغمبر صلی اللہ علیہ وآلہ وسلم!) ہم نے آپ کو اس لیے بھیجا ہے کہ) ایسا نہ ہو کہ اگر ان اعمال کے سبب جو ان کے ہاتھ آگے بھیج چکے ہیں ان پر کوئی مصیبت واقع ہو تو یہ کہنے لگیں

کہ اے رب تو نے ہماری طرف کوئی پیغمبر کیوں نہ بھیجا کہ ہم تیری آیتوں کی پیروی کرتے اور ایمان لانے والوں میں ہوتے۔

۴۸. پھر جب ان کے پاس ہماری طرف سے حق آپہنچا تو کہنے لگے کہ جیسی نشانیاں موسیٰ کو ملی تھیں ویسی اس کو (محمدﷺ) کیوں نہیں ملیں۔ کیا جو نشانیاں پہلے موسیٰ کو دی گئی تھیں انہوں نے ان سے کفر نہیں کیا؟ کہنے لگے کہ دونوں جادوگر ہیں ایک دوسرے کے موافق اور بولے کہ ہم سب سے منکر ہیں۔

۴۹. فرما دیں کہ اگر سچے ہو تو تم اللہ کے پاس سے کوئی اور کتاب لے آؤ جو ان دونوں سے بڑھ کر ہدایت کرنے والی ہو۔ تاکہ میں بھی اسی کی پیروی کروں۔

۵۰. پھر اگر یہ آپ کی بات نہ مانیں تو جان لیں کہ یہ صرف اپنی خواہشوں کی پیروی کرتے ہیں اور اس سے زیادہ کون گمراہ ہوگا جو اللہ کی ہدایت کو چھوڑ کر اپنی خواہش کے پیچھے چلے بیشک اللہ ظالم لوگوں کو ہدایت نہیں دیتا۔

۵۱. اور ہم پے درپے ان لوگوں کے پاس ہدایت کی باتیں بھیجتے رہے تاکہ نصیحت پکڑیں۔

۵۲. جن لوگوں کو ہم نے اس سے پہلے کتاب دی تھی وہ اس پر ایمان لے آئے۔

۵۳. اور جب قرآن ان کو پڑھ کر سنایا جاتا ہے تو کہتے ہیں کہ ہم اس پر ایمان لے آئے بیشک وہ ہمارے رب کی طرف سے برحق ہے اور ہم تو اس سے پہلے کے فرمانبردار ہیں۔

۵۴. ان لوگوں کو دگنا بدلہ دیا جائے گا۔ کیونکہ صبر کرتے رہے ہیں اور بھلائی کے ساتھ برائی کو دور کرتے ہیں اور جو مال ہم نے ان کو دیا ہے اس میں سے خرچ کرتے ہیں۔

۵۵. اور جب بیہودہ بات سنتے ہیں تو اس سے منہ پھیر لیتے ہیں اور کہتے ہیں۔ کہ ہمارے لیے ہمارے اعمال اور تمہارے لیے تمہارے اعمال۔ تم کو سلام۔ ہم جاہلوں کے چاہنے والے نہیں ہیں۔

۵۶. (اے محمد صلی اللہ علیہ وآلہ وسلم!) آپ جس کو دوست رکھتے ہیں اسے ہدایت نہیں کر سکتے بلکہ اللہ ہی جس کو چاہتا ہے ہدایت کرتا ہے اور وہ ہدایت پانے والوں کو خوب جانتا ہے۔

۵۷. اور کہتے ہیں کہ اگر ہم تمہارے ساتھ ہدایت کی پیروی کریں تو اپنے ملک سے اچک لیے جائیں۔ کیا ہم نے ان کو حرم میں جگہ نہیں دی؟ جو امن کا مقام ہے وہ جگہ جہاں ہر قسم کے میوے پہنچائے جاتے ہیں اور یہ رزق ہماری طرف سے ہے۔ لیکن ان میں سے اکثر نہیں جانتے۔

۵۸. اور ہم نے بہت سی بستیوں کو ہلاک کر ڈالا جو اپنی خوشحالی پر اترا رہے تھے۔ سو یہ ان کے مکانات ہیں جو ان کے بعد آباد ہی نہیں ہوئے مگر بہت کم اور ان کے پیچھے ہم ہی ان کے وارث ہوئے۔

۵۹. اور آپ کا رب بستیوں کو ہلاک نہیں کیا کرتا جب تک ان کے بڑے شہر میں پیغمبر نہ بھیج دے جو ان کو ہماری آیتیں پڑھ پڑھ کر سنائے اور ہم بستیوں کو ہلاک نہیں کیا کرتے مگر اس وقت کہ وہاں کے لوگ ظالم ہوں۔

۶۰. اور جو چیز تم کو دی گئی ہے وہ دنیا کی زندگی کا فائدہ اور اس کی زینت ہے اور جو اللہ کے پاس ہے وہ بہتر اور باقی رہنے والی ہے۔ کیا تم سمجھتے نہیں؟

۶۱. بھلا جس شخص سے ہم نے نیک وعدہ کیا اور اس نے اسے حاصل کر لیا تو کیا وہ اس شخص سا ہے جس کو ہم نے دنیا کی زندگی کے فائدے دیے پھر وہ قیامت کے دن ان لوگوں میں ہو جو ہمارے سامنے حاضر کیے جائیں گے۔

۶۲. اور جس روز اللہ ان کو پکارے گا اور کہے گا کہ میرے وہ شریک کہاں ہیں جن کا تمہیں دعویٰ تھا؟

۶۳. تو جن لوگوں پر عذاب کا حکم صادر ہو چکا ہو گا وہ کہیں گے کہ ہمارے رب یہ وہ لوگ ہیں جن کو ہم نے گمراہ کیا تھا اور جس طرح ہم خود گمراہ ہوئے تھے اسی طرح ان کو بھی گمراہ کیا تھا اب ہم تیری طرف متوجہ ہو کر ان سے بیزار ہوتے ہیں یہ ہمیں نہیں پوجتے تھے۔

۶۴. اور کہا جائے گا کہ اپنے شریکوں کو بلاؤ۔ تو وہ ان کو پکاریں گے اور وہ ان کو جواب نہ دے سکیں گے اور جب عذاب کو دیکھ لیں گے تو تمنا کریں گے کہ کاش وہ ہدایت پا لیتے۔

۶۵. اور جس روز اللہ ان کو پکارے گا اور پوچھے گا کہ تم نے پیغمبروں کو کیا جواب دیا؟

۶۶. تو وہ اس دن خبروں سے اندھے ہو جائیں گے اور آپس میں کچھ بھی نہ پوچھ سکیں گے۔

۶۷. لیکن جس نے توبہ کی اور ایمان لایا اور عمل نیک کیے تو امید ہے کہ وہ نجات پانے والوں میں ہو۔

۶۸. اور تمہارا رب جو چاہتا ہے پیدا کرتا ہے اور جسے چاہتا ہے برگزیدہ کر لیتا ہے ان کو اس کا اختیار نہیں ہے۔ یہ جو شرک کرتے ہیں اللہ اس سے پاک اور بالاتر ہے۔

۶۹. اور ان کے سینے جو کچھ چھپاتے اور جو یہ ظاہر کرتے ہیں آپ کا رب اس کو جانتا ہے۔

۷۰. اور وہی اللہ ہے اس کے سوا کوئی معبود نہیں دنیا و آخرت میں اسی کی تعریف ہے اسی کا حکم ہے اور اسی کی طرف تم لوٹائے جاؤ گے۔

۷۱. کہو بھلا دیکھو تو اگر اللہ تم پر ہمیشہ قیامت کے دن تک رات کی تاریکی کیے رکھے تو اللہ کے سوا کون معبود ہے جو تم کو روشنی لادے؟ تو کیا تم سنتے نہیں۔

۷۲. فرما دیں تو بھلا دیکھو تو اگر اللہ تم پر ہمیشہ قیامت تک دن کیے رکھے تو اللہ کے سوا کون معبود ہے کہ تم کو رات لادے جس میں تم آرام کرو تو کیا تم دیکھتے نہیں؟۔

۷۳. اور اس نے اپنی رحمت سے تمہارے لیے رات کو اور دن کو بنایا تاکہ تم اس میں آرام کرو اور اس میں اس کا فضل تلاش کرو اور تاکہ شکر کرو۔

۷۴. اور جس دن وہ ان کو پکارے گا اور کہے گا کہ میرے وہ شریک جن کا تمہیں دعویٰ تھا کہاں ہیں۔

۷۵. اور ہم ہر ایک امت میں سے گواہ نکال لیں گے پھر کہیں گے کہ اپنی دلیل پیش کرو تو وہ جان لیں گے کہ سچ بات اللہ کی ہے اور جو کچھ وہ بہتان باندھا کرتے تھے ان سے جاتا رہے گا۔

۷۶. قارون موسیٰؑ کی قوم میں سے تھا اور ان پر ظلم کرتا تھا اور ہم نے اس کو اتنے خزانے دیے تھے کہ ان کی کنجیاں ایک طاقتور جماعت کو اٹھانی مشکل ہوتیں جب اس سے اس کی قوم نے کہا کہ اتنا اتراؤ نہیں بیشک اللہ تعالیٰ اترانے والوں کو دوست نہیں رکھتا۔

۷۷. اور جو مال تم کو اللہ نے دیا ہے اس سے آخرت کی بھلائی طلب کرو اور دنیا میں اپنا حصہ مت بھلاؤ۔ اور جیسی بھلائی اللہ نے تم سے کی ہوئی ہے ویسی بھلائی تم بھی لوگوں سے کرو اور ملک میں فتنہ و فساد پھیلانے کی کوشش نہ کرو کیونکہ اللہ فساد پھیلانے والوں کو دوست نہیں رکھتا۔

۷۸. بولا کہ یہ مال مجھے میری دانش مندی سے ملا ہے۔ کیا اس کو معلوم نہیں تھا کہ اللہ نے اس سے پہلے بہت سی امتیں جو اس سے قوت میں بڑھ کر تھیں اور تعداد میں اس سے

زیادہ تھیں ہلاک کر ڈالی ہیں۔ اور گنہگاروں سے ان کے گناہوں کے بارے میں پوچھا نہیں جائے گا۔

۷۹۔ تو ایک دن قارون بڑی آرائش اور ٹھاٹھ سے اپنی قوم کے سامنے نکلا۔ جو لوگ دنیا کی زندگی کے طالب تھے کہنے لگے کہ جیسا مال و متاع قارون کو ملا ہے کاش ایسا ہی ہمیں بھی ملے۔ وہ تو بڑا ہی خوش نصیب ہے۔

۸۰۔ اور جن لوگوں کو علم دیا گیا تھا وہ کہنے لگے کہ تم پر افسوس مومنوں اور نیکو کاروں کے لیے جو ثواب اللہ کے پاس تیار ہے وہ کہیں بہتر ہے اور وہ صرف صبر کرنے والوں ہی کو ملے گا۔

۸۱۔ پس ہم نے قارون اور اس کے گھر کو زمین میں دھنسا دیا۔ تو اللہ کے سوا کوئی جماعت اس کی مددگار نہ ہوئی اور نہ وہ بدلہ لے سکا۔

۸۲۔ اور وہ لوگ جو کل اس کے رتبہ کی تمنا کرتے تھے صبح کو کہنے لگے ہائے شامت! اللہ ہی تو اپنے بندوں میں سے جس کے لیے چاہتا ہے رزق فراخ کر دیتا ہے اور جس کے لیے چاہتا ہے تنگ کر دیتا ہے اگر اللہ ہم پر احسان نہ کرتا تو ہمیں بھی دھنسا دیتا ہائے خرابی! کافر نجات نہیں پا سکتے۔

۸۳۔ وہ جو آخرت کا گھر ہے ہم نے اسے ان لوگوں کے لیے تیار کر رکھا ہے جو ملک میں ظلم اور فساد کا ارادہ نہیں رکھتے اور نیک انجام تو پرہیزگاروں ہی کا ہے۔

۸۴۔   جو شخص نیکی لے کر آئے گا اس کے لیے اس سے بہتر صلہ موجود ہے اور جو برائی لائے گا تو جن لوگوں نے برے کام کیے ان کو بدلہ بھی اسی طرح ملے گا جس طرح کے وہ کام کرتے تھے۔

۸۵۔   (اے پیغمبر!) جس اللہ نے آپ پر قرآن کے احکام کو فرض کیا ہے وہ آپ کو بہترین جگہ لوٹا دے گا۔ فرما دیں کہ میرا رب اس شخص کو بھی خوب جانتا ہے جو ہدایت لے کر آیا اور اس کو بھی جو صریح گمراہی میں ہے۔

۸۶۔   اور آپ کو امید نہ تھی کہ آپ پر کتاب نازل کی جائے گی مگر آپ کے رب کی مہربانی سے نازل ہوئی تو آپ ہر گز کفار کے مددگار نہ ہونا۔

۸۷۔   اور وہ آپ کو اللہ کی آیتوں کی تبلیغ سے روک نہ دیں اس کے بعد کہ وہ آپ پر نازل ہو چکی ہوں۔ اپنے پروردگار کو پکارتے رہیں اور مشرکوں میں ہر گز نہ ہو جائیں۔

۸۸۔   اور اللہ کے ساتھ کسی اور کو معبود سمجھ کر نہ پکارنا اس کے سوا کوئی معبود نہیں، اس کی ذات پاک کے سوا ہر چیز فنا ہونے والی ہے اسی کا حکم ہے اور اسی کی طرف تم لوٹ کر جاؤ گے۔

۲۹۔ سورۃ العنکبوت

۱۔   الٓمٓ (حروف مقطعات میں سے ہے)

۲۔   کیا لوگ یہ خیال کیے ہوئے ہیں کہ صرف یہ کہنے سے کہ ہم ایمان لے آئے ،چھوڑ دیے جائیں گے اور ان کی آزمائش نہیں کی جائے گی۔

۳۔   اور جو لوگ ان سے پہلے ہو چکے ہیں ہم نے ان کو بھی آزمایا تھا اور ان کو بھی آزمائیں گے سو اللہ ان کو ضرور معلوم کرے گا جو اپنے ایمان میں سچے ہیں اور ان کو بھی جو جھوٹے ہیں۔

۴۔   کیا وہ لوگ جو برے کام کرتے ہیں یہ سمجھتے ہوئے ہیں کہ یہ ہمارے قابو سے نکل جائیں گے جو خیال یہ کرتے ہیں برا ہے۔

۵۔   جو شخص اللہ کی ملاقات کی امید رکھتا ہے تو اللہ کا مقرر کیا ہوا وقت ضرور آنے والا ہے اور وہ سننے والا اور جاننے والا ہے۔

۶. اور جو شخص محنت کرتا ہے تو اپنے ہی فائدے کے لیے محنت کرتا ہے اور اللہ تو تمام جہان سے بے پرواہ ہے۔

۷. اور جو لوگ ایمان لائے اور نیک عمل کرتے رہے ہم ان کے گناہوں کو ان سے مٹا دیں گے اور ان کو ان کے اعمال کا بہت اچھا بدلہ دیں گے۔

۸. اور ہم نے انسان کو اس کے والدین کے ساتھ نیک سلوک کرنے کا حکم دیا ہے اگر وہ تجھ پر زور ڈالیں کہ تو میرے ساتھ کسی کو شریک ٹھہرائے جس کی حقیقت کی تمہیں خبر نہیں تو ان کا کہا نہ مانو۔ تم سب کو میری طرف لوٹ کر آنا ہے پھر جو کچھ تم کرتے تھے میں تمہیں خبر دوں گا۔

۹. اور جو لوگ ایمان لائے اور نیک عمل کرتے رہے ان کو ہم نیک لوگوں میں داخل کریں گے۔

۱۰. اور بعض لوگ ایسے ہیں جو کہتے ہیں کہ ہم اللہ پر ایمان لائے جب ان کو اللہ کے راستے میں کوئی تکلیف پہنچتی ہے تو لوگوں کی دی گئی ایذا کو یوں سمجھتے ہیں جیسا کہ اللہ کا عذاب اور اگر تمہارے رب کی طرف سے مدد پہنچے تو کہتے ہیں ہم تو تمہارے ساتھ تھے۔ کیا جو دنیا والوں کے سینوں میں ہے اللہ اس سے واقف نہیں؟۔

۱۱. اور اللہ ان کو ضرور معلوم کرے گا جو سچے مومن ہیں اور منافقوں کو بھی معلوم کر کے رہے گا۔

۱۲۔ اور جو کافر ہیں وہ مومنوں سے کہتے ہیں کہ ہمارے طریقوں پر چلو ہم تمہارے گناہ اپنے سر لیں گے، حالانکہ وہ ان کے گناہوں کا کچھ بھی بوجھ اٹھانے والے نہیں کچھ شک نہیں کہ یہ جھوٹے ہیں۔

۱۳۔ اور یہ اپنے بوجھ بھی اٹھائیں گے اور اپنے بوجھوں کے ساتھ دوسرے لوگوں کے بوجھ بھی اور جو بہتان یہ باندھتے رہے قیامت کے دن ان سے ان کی ضرور پوچھ ہوگی۔

۱۴۔ اور ہم نے نوحؑ کو ان کی قوم کی طرف بھیجا تو وہ ان میں ساڑھے نو سو سال رہے پھر ان کو طوفان کے عذاب نے آ پکڑا اور وہ ظالم تھے۔

۱۵۔ پھر ہم نے نوحؑ اور کشتی والوں کو نجات دی اور کشتی کو اہل عالم کے لیے نشانی بنا دیا۔

۱۶۔ اور ابراہیمؑ کو یاد کرو جب انہوں نے اپنی قوم سے کہا کہ اللہ کی عبادت کرو اور اس سے ڈرو اگر تم جانتے ہو تو یہ تمہارے حق میں بہتر ہے۔

۱۷۔ یقیناً تم اللہ کو چھوڑ کر بتوں کو پوجتے اور جھوٹ باندھتے ہو تو جن لوگوں کو تم اللہ کے سوا پوجتے ہو وہ تم کو رزق دینے کا اختیار نہیں رکھتے پس اللہ سے ہی رزق مانگو اور اسی کی عبادت کرو اور اسی کا شکر کرو اسی کی طرف تم لوٹ کر جاؤ گے۔

۱۸۔ اور اگر تم میری تکذیب کرو تو تم سے پہلے بھی امتیں اپنے پیغمبروں کو جھٹلا چکی ہیں۔ اور پیغمبر کے ذمے کھول کر سنا دینے کے سوا اور کچھ نہیں۔

۱۹. کیا انہوں نے نہیں دیکھا کہ اللہ کس طرح خلقت کو پہلی بار پیدا کرتا پھر کس طرح اس کو لوٹائے گا یہ اللہ کے لیے آسان ہے۔

۲۰. کہہ دو کہ ملک میں چلو پھر و اور دیکھو کہ اس نے کس طرح خلقت کو پہلی دفعہ پیدا کیا پھر اللہ ہی بعد کی پیدائش کرے گا بیشک اللہ ہر چیز پر قادر ہے۔

۲۱. وہ جسے چاہے عذاب دے اور جس پر چاہے رحم کرے اور اسی کی طرف تم لوٹائے جاؤ گے۔

۲۲. اور اس کو نہ تم زمین میں عاجز کر سکتے ہو نہ آسمان میں اور نہ اللہ کے سوا تمہارا کوئی دوست ہے اور نہ مددگار۔

۲۳. اور جن لوگوں نے اللہ کی آیتوں سے انکار کیا اور اس سے ملنے سے انکار کیا وہ میری رحمت سے ناامید ہو گئے ہیں اور ان کو درد دینے والا عذاب ہو گا۔

۲۴. تو ان کی قوم کے لوگ جواب میں بولے تو یہ بولے کہ اسے مار ڈالو یا جلا دو، مگر اللہ نے ان کو آگ کی سوزش سے بچا لیا۔ جو لوگ ایمان رکھتے ہیں ان کے لیے اس میں نشانیاں ہیں

۲۵. اور ابراہیمؑ نے کہا کہ تم جو اللہ کو چھوڑ کر بتوں کو لے بیٹھے ہو تو دنیا کی زندگی میں آپس میں دوستی کے لیے مگر پھر قیامت کے دن ایک دوسرے کی دوستی سے انکار کر دو

گے اور ایک دوسرے پر لعنت بھیجو گے اور تمہارا ٹھکانا دوزخ ہو گا اور کوئی تمہارا مددگار نہ ہو گا۔

۲۶۔ پس ان پر ایک لوطؑ ایمان لائے اور ابراہیمؑ کہنے لگے میں اپنے رب کی طرف ہجرت کرنے والا ہوں بیشک وہ غالب حکمت والا ہے۔

۲۷۔ اور ہم نے ان کو اسحاقؑ اور یعقوبؑ بخشے اور ان کی اولاد میں نبوت اور کتاب مقرر کر دی اور ان کو دنیا میں بھی ان کا صلہ دیا اور وہ آخرت میں بھی نیک لوگوں میں ہوں گے۔

۲۸۔ اور لوطؑ کو یاد کرو جب انہوں نے اپنی قوم سے کہا کہ تم عجیب بے حیائی کا کام کرتے ہو تم سے پہلے اہل عالم میں سے کسی نے ایسا کام نہیں کیا۔

۲۹۔ کیا تم لذت کے ارادے سے مردوں کی طرف مائل ہوتے ہو مسافروں کی راہزنی کرتے ہو اور اپنی مجلسوں میں برے کام کرتے ہو۔ تو ان کی قوم کے لوگوں نے جواب دیا۔ بولے کہ اگر تم سچے ہو تو ہم پر عذاب لے آؤ۔

۳۰۔ لوطؑ نے کہا اے میرے رب! ان مفسد لوگوں کے مقابلہ میں میری مدد فرما!۔

۳۱۔ اور جب ہمارے فرشتے ابراہیمؑ کے پاس خوشی کی خبر لے کر آئے تو کہنے لگے کہ ہم اس بستی کے لوگوں کو ہلاک کر دینے والے ہیں کیونکہ یہاں کے رہنے والے نافرمان ہیں۔

۳۲۔ ابراہیمؑ نے کہا کہ اس میں تو لوطؑ بھی ہیں۔ وہ کہنے لگے جو لوگ یہاں رہتے ہیں ہمیں سب معلوم ہیں۔ ہم ان کو اور ان کے گھر والوں کو بچا لیں گے سوائے ان کی بیوی کے کہ وہ پیچھے رہنے والوں میں ہوگی۔

۳۳۔ تو جب ہمارے فرشتے لوطؑ کے پاس آئے تو وہ ان کی وجہ سے تنگ دل اور ناخوش ہوئے۔ فرشتوں نے کہا کچھ خوف نہ کیجئے ہم آپ کو اور آپ کے گھر والوں کو بچا لیں گے مگر آپ کی بیوی کہ پیچھے رہنے والوں میں ہوگی۔

۳۴۔ ہم اس بستی کے رہنے والوں پر اس سبب سے کہ یہ بد کرداری کرتے رہے ہیں آسمان سے عذاب نازل کرنے والے ہیں۔

۳۵۔ اور ہم نے سمجھنے والے لوگوں کے لیے اسی بستی سے ایک کھلی نشانی چھوڑ دی۔

۳۶۔ اور مدین کی طرف ان کے بھائی شعیبؑ کو بھیجا تو انہوں نے کہا اے میری قوم! اللہ کی عبادت کرو اور آخرت کے دن کے آنے کی امید رکھو اور ملک میں فساد نہ مچاؤ۔

۳۷۔ مگر انہوں نے ان کو جھوٹا سمجھا سو ان کو زلزلے کے عذاب نے آ پکڑا اور وہ اپنے گھروں میں اوندھے پڑے رہ گئے۔

۳۸۔ عاد اور ثمود کو بھی ہم نے ہلاک کر دیا چنانچہ ان کے ویران گھر تمہاری آنکھوں کے سامنے ہیں۔ شیطان نے ان کے اعمال ان کو آراستہ کر دکھائے اور ان کو سیدھے رستے سے روک دیا حالانکہ وہ بصیرت والے لوگ تھے۔

۳۹. قارون فرعون اور ہامان کو بھی ہلاک کر دیا اور ان کے پاس موسیٰ کھلی نشانیاں لے کر آئے تو وہ ملک میں مغرور ہو گئے اور وہ ہمارے قابو سے نکل جانے والے نہ تھے۔

۴۰. تو ہم نے سب کو ان کے گناہوں کے سبب پکڑ لیا سو ان میں کچھ تو ایسے تھے جن پر ہم نے پتھروں کا مینہ برسایا۔ اور کچھ ایسے تھے جن کو چنگھاڑ نے آ پکڑا اور کچھ ایسے تھے جن کو ہم نے زمین میں دھنسا دیا اور کچھ ایسے تھے جن کو غرق کر دیا اور اللہ ایسا نہ تھا کہ ان پر ظلم کرتا لیکن وہی اپنے آپ پر ظلم کرتے تھے۔

۴۱. جن لوگوں نے اللہ کے سوا اوروں کو کارساز بنا رکھا ہے ان کی مثال مکڑی کی سی ہے کہ وہ بھی ایک طرح کا گھر بناتی ہے اور کچھ شک نہیں کہ سب سے کمزور گھر مکڑی کا ہوتا ہے۔ کاش یہ اس بات کو جانتے۔

۴۲. یہ جس چیز کو اللہ کے سوا پکارتے ہیں خواہ وہ کچھ ہی ہو اللہ اسے جانتا ہے اور وہ غالب اور حکمت والا ہے۔

۴۳. اور یہ مثالیں ہم لوگوں کو سمجھانے کے لیے بیان کرتے ہیں اور اسے تو دانش مند ہی سمجھتے ہیں۔

۴۴. اللہ نے آسمانوں اور زمین کو حکمت کے ساتھ پیدا کیا ہے۔ کچھ شک نہیں کہ ایمان والوں کے لیے اس میں نشانی ہو۔

۴۵. (اے نبی صلی اللہ علیہ وآلہ وسلم) یہ کتاب جو آپ کی طرف وحی کی گئی ہے اس کو پڑھا کریں اور نماز قائم کریں کچھ شک نہیں کہ نماز بے حیائی اور بری باتوں سے روکتی ہے۔ اور اللہ کا ذکر سب سے بڑا (عمل) ہے اور جو کچھ تم کرتے ہو اللہ اسے جانتا ہے۔

۴۶. اور اہل کتاب سے جھگڑا نہ کرو مگر اس طرح کہ نہایت اچھا ہو۔ ہاں ان میں سے جو بے انصافی کریں ان سے اسی طرح بات کرو اور کہہ دو کہ جو کتاب ہم پر اتری اور جو کتابیں تم پر اتریں ہم سب پر ایمان رکھتے ہیں اور ہمارا اور تمہارا معبود ایک ہی ہے اور ہم اسی کے فرمانبردار ہیں۔

۴۷. اور اسی طرح ہم نے آپ کی طرف کتاب اتاری ہے تو جن لوگوں کو ہم نے کتابیں دی تھیں وہ اس پر ایمان لے آتے ہیں اور بعض (مشرک) لوگوں میں سے بھی اس پر ایمان لے آتے ہیں اور ہماری آیتوں سے وہی انکار کرتے ہیں جو نافرمان ہیں۔

۴۸. اور آپ اس سے پہلے کوئی کتاب نہیں پڑھتے تھے اور نہ اسے اپنے ہاتھ سے لکھ ہی سکتے تھے۔ ایسا ہوتا تو کفار ضرور شک کرتے۔

۴۹. بلکہ یہ روشن آیتیں ہیں جن لوگوں کو علم دیا گیا ہے ان کے سینوں میں محفوظ اور ہماری آیتوں سے وہی لوگ انکار کرتے ہیں جو بے انصاف ہیں۔

۵۰. کافر کہتے ہیں کہ اس پر اس کے رب کی طرف سے نشانیاں کیوں نازل نہیں ہوئیں فرمادیں کہ نشانیاں تو اللہ کے پاس ہی ہیں میں تو کھول کر ڈرانے والا ہوں۔

۵۱۔ کیا ان لوگوں کے لیے یہ کافی نہیں کہ ہم نے آپ پر کتاب نازل کی جو ان کو پڑھ کر سنائی جاتی ہے۔ کچھ شک نہیں کہ مومن لوگوں کے لیے اس میں نصیحت ہے۔

۵۲۔ فرما دیں کہ میرے اور تمہارے درمیان اللہ ہی گواہ کافی ہے جو ہر چیز جو آسمانوں اور زمین میں ہے سب کو جانتا ہے اور جن لوگوں نے باطل کو مانا اور اللہ سے انکار کیا وہی نقصان اٹھانے والے ہیں۔

۵۳۔ اور یہ لوگ آپ سے عذاب کے لیے جلدی کر رہے ہیں اگر ایک وقت مقرر نہ ہو چکا ہوتا تو ان پر عذاب آ بھی چکا ہوتا۔ اور وہ کسی وقت بھی ضرور اچانک ان پر آ کر رہے گا اور ان کو معلوم بھی نہ ہو گا۔

۵۴۔ یہ آپ سے عذاب کے لیے جلدی کر رہے ہیں اور دوزخ تو کفار کو گھیر لینے والی ہے۔

۵۵۔ جس دن عذاب ان کو اوپر سے اور نیچے سے ڈھانپ لے گا اور اللہ فرمائے گا کہ جو کام آپ کیا کرتے تھے اب ان کا مزہ چکھو۔

۵۶۔ اے میرے بندو! جو ایمان لائے ہو میری زمین فراخ ہے تو میری ہی عبادت کرو۔

۵۷۔ ہر شخص موت کو چکھنے والا ہے پھر تم ہماری ہی طرف لوٹ کر آؤ گے۔

۵۸.	اور جو لوگ ایمان لائے اور نیک عمل کرتے رہے ان کو ہم بہشت کے اونچے اونچے محلوں میں جگہ دیں گے جن کے نیچے نہریں بہہ رہی ہیں وہ ہمیشہ ان میں رہیں گے نیک عمل کرنے والوں کا یہ خوب بدلہ ہے۔

۵۹.	جو صبر کرتے اور اپنے رب پر بھروسہ رکھتے ہیں۔

۶۰.	بہت سے جانور ہیں جو اپنا رزق اٹھائے نہیں پھرتے اللہ انہیں بھی رزق دیتا ہے اور تمہیں بھی۔ اور وہ سننے والا جاننے والا ہے۔

۶۱.	اگر ان سے پوچھیں کہ آسمانوں اور زمین کو کس نے پیدا کیا؟ سورج اور چاند کو کس نے تمہارے زیر فرمان کیا؟ تو ضرور کہیں گے اللہ نے تو پھر یہ کہاں الٹے جا رہے ہیں؟

۶۲.	اللہ ہی اپنے بندوں میں سے جس کے لیے چاہتا ہے روزی فراخ کر دیتا ہے. جس کے لیے چاہتا ہے تنگ کر دیتا ہے۔ بیشک اللہ ہر چیز سے واقف ہے۔

۶۳.	اور اگر آپ ان سے پوچھیں کہ آسمان سے پانی کس نے برسایا؟ پھر اس سے زمین کو اس کے مرنے کے بعد کس نے زندہ کیا؟ تو کہیں گے کہ اللہ نے۔ فرما دیں کہ اللہ کا شکر ہے بلکہ ان میں سے اکثر نہیں سمجھتے۔

۶۴.	اور یہ دنیا کی زندگی تو صرف کھیل اور تماشہ ہے اور ہمیشہ کی زندگی کا مقام تو آخرت کا گھر ہے کاش یہ لوگ سمجھتے۔

٦٥. پھر جب یہ کشتی میں سوار ہوتے ہیں تو اللہ کو پکارتے اور خالص اسی کی عبادت کرتے ہیں۔ لیکن جب وہ ان کو نجات دے کر خشکی پر پہنچا دیتا ہے تو پھر فوراً شرک کرنے لگ جاتے ہیں۔

٦٦. تاکہ جو ہم نے ان کو بخشا ہے اس کی ناشکری کریں اور فائدہ اٹھائیں۔ تو خیر عنقریب ان کو معلوم ہو جائے گا

٦٧. کیا انہوں نے نہیں دیکھا کہ ہم نے حرم کو مقام امن بنایا ہے؟ اور لوگ ان کے گرد و نواح سے اچک لیے جاتے ہیں (دنگا فساد کا شکار ہو جاتے ہیں) کیا یہ لوگ باطل پر اعتقاد رکھتے ہیں اور اللہ کی نعمتوں کی ناشکری کرتے ہیں۔

٦٨. اور اس سے ظالم کون جو اللہ پر جھوٹ بہتان باندھے؟ یا جب حق بات اس کے پاس آئے تو اس کی تکذیب کرے؟ کیا کفار کا ٹھکانا جہنم میں نہیں ہے؟

٦٩. اور جن لوگوں نے ہمارے لیے کوشش کی ہم ضرور ان کو اپنے رستے دکھا دیں گے اور اللہ نیکوکاروں کے ساتھ ہے۔

۳۰۔ سورۃ الروم

۱. الٓمٓ۔ حرف مقطعات میں سے ہے۔

۲. اہل روم مغلوب ہو گئے۔

۳. نزدیک کے ملک میں۔ اور وہ مغلوب ہونے کے بعد عنقریب غالب آ جائیں گے۔

۴. چند ہی سال میں پہلے بھی اور پیچھے بھی اللہ کا ہی حکم ہے اور اس روز مومن خوش ہو جائیں گے۔

۵. یعنی اللہ کی مدد سے، وہ جسے چاہتا ہے مدد دیتا ہے اور وہ غالب و مہربان ہے۔

۶. یہ اللہ کا وعدہ ہے اور وہ اپنے وعدے کے خلاف نہیں کرتا لیکن اکثر لوگ نہیں جانتے

۷. یہ تو دنیا کی ظاہری زندگی کو جانتے ہیں اور آخرت کی طرف سے غافل ہیں

۸۔ کیا انہوں نے اپنے نفسوں میں غور نہیں کیا کہ اس نے آسمانوں اور زمین کو اور جو کچھ ان دونوں کے درمیان ہے ان کو حکمت سے اور ایک وقت مقرر تک کے لیے پیدا کیا ہے اور بہت سے لوگ اپنے رب کی ملاقات کا انکار کرنے والے ہیں۔

۹۔ کیا ان لوگوں نے زمین میں سیر نہیں کی؟ (سیر کرتے) تو دیکھ لیتے جو لوگ ان سے پہلے تھے ان کا انجام کیسا ہوا۔ وہ ان سے زور و قوت میں کہیں زیادہ تھے۔ انہوں نے زمین کو جوتا اور اس کو اس سے زیادہ آباد کیا تھا جو انہوں نے آباد کیا اور ان کے پاس ان کے پیغمبر نشانیاں لے کر آتے رہے تو اللہ ایسا نہ تھا کہ ان پر ظلم کرتا بلکہ وہی اپنے آپ پر ظلم کرتے تھے

۱۰۔ پھر جن لوگوں نے برائی کی ان کا انجام بھی برا ہوا۔ اس لیے کہ اللہ کی آیتوں کو جھٹلاتے اور ان کی ہنسی اڑاتے رہے تھے

۱۱۔ اللہ ہی انسان کو پہلی بار پیدا کرتا ہے وہی اس کو پھر دوبارہ پیدا کرے گا پھر تم اسی کی طرف لوٹ جاؤ گے

۱۲۔ اور جس دن قیامت برپا ہوگی مجرم ناامید ہو جائیں گے۔

۱۳۔ اور ان کے بنائے ہوئے شریکوں میں سے کوئی ان کا سفارشی نہ ہوگا اور وہ اپنے شریکوں سے منکر ہو جائیں گے۔

۱۴۔ اور جس دن قیامت برپا ہوگی اس روز الگ الگ فرقے ہو جائیں گے

۱۵.	توجو لوگ ایمان لائے اور نیک عمل کرتے رہے وہ بہشت کے باغ میں خوش حال ہوں گے۔

۱۶.	اور جنھوں نے کفر کیا، ہماری آیتوں اور آخرت کے آنے کو جھٹلا دیا وہ عذاب میں ڈالے جائیں گے۔

۱۷.	توجس وقت شام ہو اور جس وقت صبح ہو اللہ کی تسبیح کرو (نماز قائم کرو)

۱۸.	آسمانوں اور زمین میں اسی کی تعریف ہے اور تیسرے پہر بھی اور جب دوپہر ہو اس وقت بھی نماز قائم کیا کرو۔

۱۹.	وہی زندے سے مردے کو نکالتا ہے اور وہی مردے کو زندے سے نکالتا ہے۔ اور وہی زمین کو اس کے مرنے کے بعد زندہ کرتا ہے۔ اور اسی طرح تم دوبارہ زمین سے نکالے جاؤ گے۔

۲۰.	اور اسی کی نشانیوں میں سے ہے کہ اس نے تمہیں مٹی سے پیدا کیا پھر اب تم انسان ہو کر جا بجا پھیل رہے ہو۔

۲۱.	اور اسی کی نشانیوں میں سے ہے کہ اس نے تمہارے لیے تمہاری ہی جنس کی عورتیں پیدا کیں تاکہ ان کی طرف (مائل ہو کر) آرام حاصل کرو اور تم میں محبت اور مہربانی پیدا کر دی جو لوگ غور کرتے ہیں ان کے لیے ان باتوں میں بہت سی نشانیاں ہیں۔

۲۲۔ اور اسی کے نشانات میں سے ہے آسمانوں اور زمین کا پیدا کرنا، تمہاری زبانوں اور رنگوں کا جدا جدا ہونا۔ عقلمندوں کے لیے ان باتوں میں بہت سی نشانیاں ہیں۔

۲۳۔ اور انہی نشانیوں میں سے ہے تمہارا رات اور دن میں سونا اور اس کے فضل کا تلاش کرنا، جو لوگ سنتے ہیں ان کے لیے ان باتوں میں بہت سی نشانیاں ہیں۔

۲۴۔ اور اسی کی نشانیوں میں سے ہے کہ تم کو خوف اور امید دلانے کے لیے بجلی دکھاتا ہے اور آسمان سے مینہ برساتا ہے پھر زمین کو اس کے مر جانے کے بعد زندہ اور (ہرا بھرا) کر دیتا ہے، عقل والوں کے لیے ان باتوں میں بہت سی نشانیاں ہیں۔

۲۵۔ اور اسی کی نشانیوں میں سے ہے کہ آسمان و زمین اس کے حکم سے قائم ہیں پھر جب وہ تم کو زمین سے نکلنے کے لیے آواز دے گا تو تم جھٹ نکل پڑو گے

۲۶۔ اور آسمانوں اور زمین میں جو بھی (فرشتے اور انسان وغیرہ) ہیں اسی کے مملوک ہیں اور سب اس کے فرمانبردار ہیں۔

۲۷۔ اور وہی تو ہے جو خلقت کو پہلی بار پیدا کرتا ہے پھر اسے دوبارہ پیدا کرے گا اور یہ اس کے لیے بہت آسان ہے۔ آسمانوں اور زمین میں اس کی شان بہت بلند ہے اور وہ غالب حکمت والا ہے

۲۸۔ وہ تمہارے لیے تمہارے ہی حال کی ایک مثال بیان فرماتا ہے کہ بھلا جن لونڈی غلاموں کے تم مالک ہو وہ اس مال میں جو ہم نے تم کو دیا ہے، تمہارے شریک ہیں؟ اور کیا

تم اس میں ان کو اپنے برابر مالک سمجھتے ہو اور کیا تم ان سے اس طرح ڈرتے ہو جس طرح اپنوں سے ڈرتے ہو؟ اس طرح ہم عقل والوں کے لیے اپنی آیتیں کھول کھول کر بیان کرتے ہیں۔

۲۹۔ مگر جو ظالم ہیں بے سمجھے اپنی خواہشوں کے پیچھے چلتے ہیں تو جسے اللہ گمراہ کرے اسے کون ہدایت دے سکتا ہے؟ اور ان کا کوئی مددگار نہیں۔

۳۰۔ تو آپ ایک طرف کے ہو کر دین الٰہی کے رستے پر سیدھا منہ کیے چلے جائیں اور اللہ کی فطرت کو جس پر اس نے لوگوں کو پیدا کیا ہے اختیار کیے رہیں، اللہ کی بنائی ہوئی فطرت میں تغیر و تبدل نہیں ہو سکتا، یہی سیدھا دین ہے لیکن اکثر لوگ نہیں جانتے

۳۱۔ (مومنو!) اسی اللہ کی طرف رجوع کیے رہو، اور اس سے ڈرتے رہو نماز پڑھتے رہو اور مشرکوں میں نہ ہونا۔

۳۲۔ اور نہ ان لوگوں میں ہونا جنہوں نے اپنے دین کو ٹکڑے ٹکڑے کر دیا اور خود فرقے فرقے ہو گئے، سب فرقے اسی سے خوش ہیں جو ان کے پاس ہے۔

۳۳۔ (اور جب لوگوں کو تکلیف پہنچتی ہے تو اپنے رب کو پکارتے ہیں) اور اسی کی طرف رجوع ہوتے ہیں۔ پھر جب وہ ان کو اپنی رحمت کا مزہ چکھاتا ہے تو ایک فرقہ ان میں سے اپنے رب سے شرک کرنے لگتا ہے۔

۳۴۔ تاکہ جو ہم نے ان کو بخشا ہے اس کی ناشکری کریں؟ سو فائدے اٹھا لو عنقریب تم کو اس کا انجام معلوم ہو جائے گا۔

۳۵۔ کیا ہم نے ان پر کوئی ایسی دلیل نازل کی ہے جو ان کو اللہ کے ساتھ شرک کرنا بتاتی ہے۔

۳۶۔ اور جب ہم لوگوں کو اپنی رحمت کا مزہ چکھاتے ہیں تو اس سے خوش ہو جاتے ہیں اور اگر ان کے عملوں کے سبب جو انہوں نے آگے بھیجے ہیں کوئی تکلیف پہنچے تو نا امید ہو جاتے ہیں۔

۳۷۔ کیا انہوں نے نہیں دیکھا کہ اللہ ہی جس کے لیے چاہتا ہے رزق فراخ کرتا ہے اور جس کے لیے چاہتا ہے تنگ کرتا ہے۔ بیشک اس میں ایمان لانے والوں کے لیے نشانیاں ہیں۔

۳۸۔ تم قرابتداروں، محتاجوں اور مسافروں کو ان کا حق دو جو اللہ کی رضا چاہتے ہیں ان کے لیے یہ بہتر ہے اور یہی لوگ نجات حاصل کرنے والے ہیں۔

۳۹۔ اور جو تم سود دیتے ہو کہ لوگوں کے مال میں زیادتی ہو تو اللہ کے نزدیک اس میں زیادتی نہیں ہوتی اور جو تم زکوٰۃ دیتے ہو اور اس سے اللہ کی رضامندی طلب کرتے ہو تو وہ موجب برکت ہے۔ اور ایسے ہی لوگ اپنے مال کو دو گنا تین گنا کرنے والے ہیں

۴۰.	اللہ ہی تو ہے جس نے تم کو پیدا کیا پھر تم کو رزق دیا، پھر تمہیں مارے گا پھر زندہ کرے گا، بھلا تمہارے بنائے ہوئے شریکوں میں بھی کوئی ایسا ہے جو ان کاموں میں سے کچھ کر سکے؟ وہ پاک ہے اور بلند ہے اس سے جو شریک ٹھہراتے ہیں۔

۴۱.	خشکی اور تری میں لوگوں کے اعمال کے سبب فساد پھیل گیا ہے تاکہ اللہ ان کو ان کے بعض اعمال کا مزہ چکھائے عجب نہیں کہ وہ باز آجائیں۔

۴۲.	کہہ دو کہ ملک میں چلو پھرو اور دیکھو کہ جو لوگ تم سے پہلے ہوئے ہیں ان کا کیسا انجام ہوا، ان میں زیادہ تر مشرک ہی تھے۔

۴۳.	تو اس دن سے پہلے جو اللہ کی طرف سے آکر رہے گا اور رک نہیں سکے گا دین کے رستے پر سیدھا منہ کیے چلے چلو اس دن سب لوگ منتشر ہو جائیں گے۔

۴۴.	جس شخص نے کفر کیا تو اس کے کفر کا نقصان اسی کو ہے اور جس نے نیک عمل کیے تو ایسے لوگ اپنے ہی لیے آرام گاہ درست کرتے ہیں۔

۴۵.	جو لوگ ایمان لائے اور نیک عمل کرتے رہے ان کو اللہ اپنے فضل سے بدلہ دے گا بیشک وہ کافروں کو دوست نہیں رکھتا

۴۶.	اور اسی کی نشانیوں میں سے ہے کہ ہواؤں کو بھیجتا ہے۔ جو خوشخبری دیتی ہیں تاکہ تم کو اپنی رحمت کے مزے چکھائے اور تاکہ اس کے حکم سے کشتیاں چلیں اور تاکہ تم اس کے فضل سے روزی طلب کرو عجب نہیں کہ تم شکر کرو۔

۴۷۔ اور ہم نے تم سے پہلے بھی پیغمبر بھیجے تو وہ ان کے پاس نشانیاں لے کر آئے سو جو لوگ نافرمانی کرتے تھے ہم نے ان سے بدلہ لے کر چھوڑا اور مومنوں کی مدد ہم پر لازم تھی۔

۴۸۔ اللہ ہی تو ہے جو ہواؤں کو چلاتا ہے تو وہ بادل کو اٹھاتی ہیں پھر اللہ اس کو جس طرح چاہتا ہے آسمان میں پھیلا دیتا ہے اور تہ بتہ کر دیتا ہے پھر تم دیکھتے ہو کہ اس کے بیچ میں سے مینہ نکلنے لگتا ہے۔ پھر جب وہ اپنے بندوں میں سے جس پر چاہتا ہے اسے برسا دیتا ہے۔ تو وہ خوش ہو جاتے ہیں۔

۴۹۔ اور بیشتر تو وہ مینہ اترنے سے پہلے ناامید ہو رہے تھے۔

۵۰۔ تو (اے دیکھنے والے) اللہ کی رحمت کی نشانیوں کی طرف دیکھ کہ وہ کس طرح زمین کو اس کے مرنے کے بعد زندہ کرتا ہے، بیشک وہ مردوں کو زندہ کرنے والا ہے۔ اور وہ ہر چیز پر قادر ہے

۵۱۔ اور اگر ہم ایسی ہوا بھیجیں کہ وہ اس کے سبب کھیتی کو دیکھیں کہ زرد ہو گئی ہے تو اس کے بعد وہ ناشکری کرنے لگ جائیں۔

۵۲۔ تو آپ مُردوں کو بات نہیں سنا سکتے اور نہ بہروں کو کہ جب وہ پیٹھ پھیر کر پھر جائیں (آواز سنا سکتے ہو)

۵۳. اور نہ اندھوں کو ان کی گمراہی سے نکال کر راہ راست پر لا سکتے ہیں۔ آپ تو انہی لوگوں کو سنا سکتے ہو جو ہماری آیتوں پر ایمان لاتے ہیں سو وہی فرمانبردار ہیں۔

۵۴. اللہ ہی تو ہے۔ جس نے تم کو ابتدا میں کمزور حالت میں پیدا کیا پھر کمزوری کے بعد طاقت دی پھر طاقت کے بعد کمزوری اور بڑھاپا دیا۔ وہ جو چاہتا ہے پیدا کرتا ہے وہ صاحب دانش اور صاحب قدرت ہے

۵۵. اور جس روز قیامت برپا ہوگی گنہگار قسمیں اٹھائیں گے کہ وہ دنیا میں ایک گھڑی سے زیادہ نہیں رہے تھے۔ اسی طرح وہ (رستے سے) الٹے جاتے تھے۔

۵۶. اور جن لوگوں کو علم اور ایمان دیا گیا وہ کہیں گے کہ اللہ کی کتاب کے مطابق تم قیامت تک رہے ہو۔ اور یہ قیامت ہی کا دن ہے۔ لیکن تم کو اس کا یقین ہی نہ تھا۔

۵۷. تو اس روز ظالم لوگوں کو ان کا عذر کچھ فائدہ نہ دے گا اور نہ ان سے توبہ قبول کی جائے گی۔

۵۸. ہم نے لوگوں کے سمجھانے کے لیے قرآن میں ہر طرح کی مثال بیان کر دی ہے اور اگر آپ ان کے سامنے کوئی نشانی پیش کریں تو یہ کافر کہہ دیں گے کہ تم تو جھوٹے ہو۔

۵۹. اسی طرح اللہ ان لوگوں کے دلوں پر جو سمجھ نہیں رکھتے مہر لگا دیتا ہے۔

۶۰. پس آپ صبر کریں بیشک اللہ کا وعدہ سچا ہے۔ اور دیکھو جو لوگ یقین نہیں رکھتے وہ آپ کو اوچھا نہ بنا دیں۔

۳۱۔ سورۃ لقمان

۱۔ الٓمٓ (حروف مقطعات میں سے ہے)

۲۔ یہ حکمت سے بھری ہوئی کتاب کی آیات ہیں۔

۳۔ نیکوکاروں کے لیے ہدایت اور رحمت ہے۔

۴۔ جو نماز کی پابندی کرتے زکوٰۃ دیتے اور آخرت پر یقین رکھتے ہیں۔

۵۔ یہی اپنے رب کی طرف سے ہدایت پر ہیں۔ اور یہی نجات پانے والے ہیں۔

۶۔ اور لوگوں میں بعض ایسے ہیں جو لہویات خریدتے ہیں تاکہ لوگوں کو بے سمجھے اللہ کے راستے سے گمراہ کریں اور اس سے ہنسی مذاق کریں یہی لوگ ہیں جن کو ذلیل کرنے والا عذاب ہوگا۔

۷. اور جب اس کو ہماری آیتیں سنائی جاتی ہیں تو اکڑ کر منہ پھیر لیتا ہے گویا ان کو سنا ہی نہیں جیسے اس کے کانوں میں بہرہ پن ہے تو اس کو درد دینے والے عذاب کی خوشخبری سنا دیں

۸. جو لوگ ایمان لائے اور نیک کام کرتے رہے ان کے لیے نعمت کے باغ ہیں۔

۹. ہمیشہ ان میں رہیں گے اللہ کا وعدہ سچا ہے اور وہ غالب حکمت والا ہے۔

۱۰. اسی نے آسمانوں کو ستونوں کے بغیر پیدا کیا جیسا کہ تم دیکھتے ہو اور زمین پر پہاڑ بنا کر رکھ دیے تاکہ تم کو ہلا ہلا نہ دے اور اس میں ہر طرح کے جانور پھیلا دیے، اور ہم ہی نے آسمان سے پانی نازل کیا، پھر اس سے ہر قسم کا نفیس جوڑا اگایا۔

۱۱. یہ تو اللہ کی پیدائش ہے۔ تو مجھے دکھاؤ کہ اللہ کے سوا جو لوگ ہیں انہوں نے کیا پیدا کیا ہے؟ حقیقت یہ ہے یہ ظالم صریح گمراہی میں ہیں

۱۲. اور ہم نے لقمان کو دانائی بخشی کہ اللہ کا شکر کرو۔ اور جو شخص شکر کرتا ہے تو اپنے ہی فائدے کے لیے شکر کرتا ہے اور جو ناشکری کرتا ہے تو اللہ بھی بے پرواہ اور سزاوارِ حمد وثنا ہے۔

۱۳. اور اس وقت کو یاد کرو جب لقمان نے اپنے بیٹے کو نصیحت کرتے ہوئے کہا کہ بیٹا اللہ کے ساتھ شرک نہ کرنا، شرک تو بڑا بھاری ظلم ہے۔

۱۴۔ اور ہم نے انسان کو جسے اس کی ماں کمزوری پر کمزوری سہہ کر پیٹ میں اٹھائے رکھتی ہے پھر اس کو دو دھ پلاتی ہے اور آخر کار دو برس میں اس کا دودھ چھڑانا ہوتا ہے۔ اپنے اور اس کے ماں باپ کے بارے میں تاکید کی ہے کہ میرا بھی شکر ادا کرتے رہو اور اپنے ماں باپ کا بھی کہ تم کو میری ہی طرف لوٹ کر آنا ہے۔

۱۵۔ اور اگر وہ تیرے درپے ہوں کہ تو میرے ساتھ کسی ایسی چیز کو شریک کرے جس کا تجھے کچھ بھی علم نہیں تو ان کا کہا نہ ماننا، ہاں دنیا کے کاموں میں ان کا اچھی طرح ساتھ دینا اور جو شخص میری طرف رجوع کرے اس کے رستے پر چلنا پھر تم کو میری طرف لوٹ کر آنا ہے۔ تو جو عمل تم کرتے رہے، میں سب سے تم کو آگاہ کروں گا۔

۱۶۔ (لقمان نے یہ بھی کہا کہ) بیٹا اگر کوئی عمل رائی کے دانے کے برابر بھی چھوٹا ہو اور وہ کسی پتھر کے اندر یا آسمانوں میں چھپا ہوا ہو یا زمین میں، اللہ اس کو قیامت کے دن لا موجود کرے گا۔ کچھ شک نہیں کہ اللہ باریک بین اور خبردار ہے۔

۱۷۔ بیٹا نماز کی پابندی رکھنا، لوگوں کو اچھے کام کرنے کا امر اور بری باتوں سے منع کرتے رہنا اور جو مصیبت تم پر واقع ہو اس پر صبر کرنا بیشک یہ بڑی ہمت کے کام ہیں۔

۱۸۔ اور غرور سے لوگوں سے گال نہ پھلانا اور زمین میں اکڑ کر نہ چلنا کہ اللہ کسی مغرور اور خود پسند کو پسند نہیں کرتا۔

۱۹۔ اپنی چال میں اعتدال کیے رہنا اور بولتے وقت آواز نیچی رکھنا کیونکہ اونچی آواز گدھوں کی سی ہے اور کچھ شک نہیں کہ سب سے بری آواز گدھوں کی ہے

۲۰۔ کیا تم نے نہیں دیکھا کہ جو کچھ آسمانوں اور جو کچھ زمین میں ہے سب کو اللہ نے تمہارے قابو میں کر دیا ہے اور تم پر اپنی ظاہری اور باطنی نعمتیں پوری کر دی ہیں اور بعض لوگ ایسے ہیں کہ اللہ کے بارے میں جھگڑتے ہیں نہ علم رکھتے ہیں نہ ہدایت اور نہ کتاب روشن۔

۲۱۔ اور جب ان سے کہا جاتا ہے کہ جو کتاب اللہ نے نازل کی ہے اس کی پیروی کرو تو کہتے ہیں کہ ہم تو اسی کی پیروی کریں گے جس پر اپنے باپ دادا کو پایا، بھلا اگر شیطان ان کو دوزخ کی طرف بلاتا ہو تب بھی؟۔

۲۲۔ اور جو شخص اپنے چہرے کو اللہ کا فرمانبردار کر دے اور نیکوکار بھی ہو تو اس نے مضبوط رسی ہاتھ میں لے لی اور سب کاموں کا انجام اللہ ہی کی طرف ہے۔

۲۳۔ اور جو کفر کرے تو اس کا کفر آپ کو غمناک نہ کرے، ان کو ہماری طرف لوٹ کر آنا ہے، پھر جو کام وہ کیا کرتے تھے ہم ان کو بتا دیں گے، بیشک اللہ دلوں کی باتوں سے واقف۔

۲۴۔ ہم ان کو تھوڑا سا فائدہ پہنچائیں گے پھر شدید عذاب کی طرف مجبور کر کے لے جائیں گے۔

۲۵. اور اگر آپ ان سے پوچھیں کہ آسمانوں اور زمین کو کس نے پیدا کیا ہے؟ تو بول اٹھیں گے کہ اللہ نے۔ فرما دیں کہ اللہ کا شکر ہے مگر ان میں اکثر سمجھ نہیں رکھتے۔

۲۶. جو کچھ آسمانوں اور زمین میں ہے سب اللہ ہی کا ہے، بیشک اللہ بے پرواہ اور سزاوار حمد و ثنا ہے۔

۲۷. اور اگر یوں ہو کہ زمین میں جتنے درخت ہیں سب کے سب قلم ہوں اور سمندر کا تمام پانی سیاہی ہو اس کے بعد سات سمندر اور سیاہی ہو جائیں تو اللہ کی باتیں (صفات) ختم نہ ہوں، بیشک اللہ غالب حکمت والا ہے۔

۲۸. کیا تم نے نہیں دیکھا کہ اللہ ہی رات کو دن میں داخل کرتا ہے اور اسی نے سورج اور چاند کو تمہارے زیر فرمان کر رکھا ہے۔

۲۹. ہر ایک، ایک وقت مقرر تک چل رہا ہے اور یہ کہ اللہ تمہارے سب اعمال سے خبر دار ہے۔

۳۰. یہ اس لیے کہ اللہ کی ذات برحق ہے اور جن کو یہ لوگ اللہ کے سوا پکارتے ہیں وہ لغو ہیں اور یہ کہ اللہ ہی عالی رتبہ اور گرامی قدر ہے۔

۳۱. کیا تم نے نہیں دیکھا کہ اللہ ہی کی مہربانی سے کشتیاں دریا میں چلتی ہیں تاکہ وہ تم کو اپنی کچھ نشانیاں دکھائے بیشک اس میں ہر صبر کرنے والے اور شکر کرنے والے کے لیے نشانیاں ہیں۔

۳۲.	اور جب ان پر دریا کی لہریں سائبانوں کی طرح چھا جاتی ہیں تو اللہ کو پکارنے اور خالص اس کی عبادت کرنے لگتے ہیں پھر جب وہ ان کو نجات دے کر خشکی پر پہنچا دیتا ہے تو بعض ہی انصاف پر قائم رہتے ہیں اور ہماری نشانیوں سے وہی انکار کرتے ہیں جو عہد شکن اور ناشکرے ہیں۔

۳۳.	لوگو! اپنے پروردگار سے ڈرو اور اس دن کا خوف کرو کہ نہ تو باپ اپنے بیٹے کے کچھ کام آئے گا اور نہ بیٹا باپ کے کچھ کام آسکے گا، بیشک اللہ کا وعدہ سچا ہے پس دنیا کی زندگی تم کو دھوکے میں نہ ڈال دے نہ فریب دینے والا (شیطان) تمہیں اللہ کے بارے میں کسی طرح کا فریب دے۔

۳۴.	اللہ ہی کو قیامت کا علم ہے وہی مینہ برساتا ہے، وہی حاملہ کے پیٹ کی چیزوں کو جانتا ہے اور کوئی شخص نہیں جانتا کہ وہ کل کیا کام کرے گا اور کوئی شخص نہیں جانتا کہ کس سر زمین میں اسے موت آئے گی، بیشک اللہ ہی جاننے والا خبردار ہے

۳۲۔ سورۃ السجدہ

۱. الٓمٓ (حروف مقطعات میں سے ہے)

۲. اس میں کوئی شک نہیں کہ اس کتاب کا نازل کیا جانا تمام جہان کے رب کی طرف سے ہے۔

۳. کیا یہ لوگ کہتے ہیں کہ پیغمبر نے از خود بنا لیا ہے؟ بلکہ وہ تمہارے رب کی طرف سے برحق ہے، تاکہ آپ لوگوں کو ڈرائیں جن کے پاس پہلے کوئی ڈرانے والا نہیں آیا شاید کہ وہ ہدایت پا جائیں۔

۴. اللہ ہی تو ہے جس نے آسمانوں اور زمین کو اور جو چیزیں ان دونوں میں ہیں سب کو چھ دن میں پیدا کیا پھر عرش پر مستوی ہوا۔ اس کے سوا نہ کوئی تمہارا دوست ہے اور نہ سفارش کرنے والا۔ کیا تم نصیحت نہیں پکڑتے؟

۵. وہی آسمان سے زمین تک ہر کام کا انتظام کرتا ہے۔ پھر وہ ایک روز جس کا اندازہ تمہارے شمار کے مطابق ہزار برس ہوگا اس کی طرف چڑھتا ہے۔

۶. یہی تو پوشیدہ اور ظاہر کا جاننے والا غالب اور رحم والا اللہ ہے۔

۷۔   جس نے ہر چیز کو بہت اچھی طرح بنایا، یعنی اس کو پیدا کیا اور انسان کی پیدائش کو مٹی سے شروع کیا

۸۔   پھر اس کی نسل کو حقیر پانی سے پیدا کیا۔

۹۔   پھر اس کو درست کیا اپنی طرف سے اس میں روح پھونکی اور تمہارے کان آنکھیں اور دل بنائے مگر تم بہت کم شکر کرتے ہو

۱۰۔   اور کہنے لگے کہ جب ہم زمین میں ملیامیٹ ہو جائیں گے تو کیا از سرِ نو پیدا ہوں گے؟ حقیقت یہ ہے کہ یہ لوگ اپنے رب کے سامنے جانے کے ہی قائل نہیں۔

۱۱۔   فرما دیں کہ موت کا فرشتہ جو تم پر مقرر کیا گیا ہے۔ تمہاری روحیں قبض کر لیتا ہے پھر تم اپنے رب کی طرف لوٹائے جاؤ گے۔

۱۲۔   اور تم تعجب کرو جب دیکھو کہ گنہگارا پنے رب کے سامنے سر جھکائے ہوں گے اور کہیں گے کہ اے ہمارے پروردگار ہم نے دیکھ لیا اور سن لیا تو ہم کو دنیا میں واپس بھیج دے کہ نیک عمل کریں بیشک ہم یقین کرنے والے ہیں۔

۱۳۔   اور اگر ہم چاہتے تو ہر شخص کو ہدایت دے دیتے، مگر میری طرف سے یہ بات قرار پا چکی ہے کہ میں دوزخ کو جنوں اور انسانوں سے ضرور بھروں گا۔

۱۴۔ سواب آگ کے مزے چکھو، اس لیے کہ تم نے اس دن کے آنے کو بھلا رکھا تھا آج ہم بھی تمہیں بھلا دیں گے اور جو کام تم کرتے تھے ان کی سزا میں ہمیشہ کے عذاب کے مزے چکھتے رہو۔

۱۵۔ ہماری آیتوں پر تو وہی لوگ ایمان لاتے ہیں کہ جب ان کو ان سے نصیحت کی جاتی ہے تو سجدے میں گر پڑتے ہیں اور اپنے رب کی تعریف کے ساتھ تسبیح کرتے ہیں اور غرور نہیں کرتے

۱۶۔ ان کے پہلو بچھونوں سے الگ رہتے ہیں اور وہ اپنے رب کو خوف اور امید سے پکارتے ہیں اور جو مال ہم نے ان کو دیا ہے اس میں سے خرچ کرتے ہیں۔

۱۷۔ کوئی متنفس نہیں جانتا کہ ان کے لیے کیسی آنکھوں کی ٹھنڈک چھپا کر رکھی گئی ہے یہ ان اعمال کا صلہ ہے جو وہ کرتے تھے۔

۱۸۔ بھلا جو مومن ہو وہ اس شخص کی طرح ہو سکتا ہے جو نافرمان ہو؟ دونوں برابر نہیں ہو سکتے۔

۱۹۔ جو لوگ ایمان لائے اور نیک عمل کرتے رہے ان کے رہنے کے لیے باغ ہیں یہ مہمانی ان کاموں کی جزا ہے جو وہ کرتے تھے۔

۲۰. اور جنہوں نے نافرمانی کی ان کے رہنے کے لیے دوزخ ہے جب چاہیں گے کہ اس میں سے نکل جائیں تو اس میں لوٹا دیے جائیں گے اور ان سے کہا جائے گا کہ جس آگ کے عذاب کو تم جھوٹ سمجھتے تھے اس کے مزے چکھو۔

۲۱. ہم ان کو قیامت کے بڑے عذاب کے علاوہ عذاب دنیا کا بھی مزہ چکھاتے رہیں گے شاید کہ لوٹ آئیں۔

۲۲. اور اس شخص سے بڑھ کر ظالم کون جس کو اس کے رب کی آیتوں سے نصیحت کی جائے تو وہ ان سے منہ پھیر لے ہم گنہگاروں سے ضرور بدلہ لینے والے ہیں

۲۳. اور ہم نے موسیٰ کو کتاب دی تو تم ان کے ملنے سے شک میں نہ ہونا اور ہم نے اس (کتابِ) موسیٰ کو بنی اسرائیل کے لیے ذریعہ ہدایت بنایا۔

۲۴. اور ان میں سے ہم نے پیشوا بنائے تھے جو ہمارے حکم سے ہدایت دیا کرتے تھے جب وہ صبر کرتے تھے اور وہ ہماری آیتوں پر یقین رکھتے تھے۔

۲۵. بلاشبہ تمہارا رب ان میں جن باتوں میں وہ اختلاف کرتے تھے قیامت کے روز فیصلہ کر دے گا

۲۶. کیا ان کو اس امر سے ہدایت نہ ہوئی کہ ہم نے ان سے پہلے بہت سی امتوں کو جن کے مقامات سکونت میں یہ چلتے پھرتے ہیں ہلاک کر دیا۔ بیشک اس میں نشانیاں ہیں۔ تو یہ سنتے کیوں نہیں؟۔

۲۷۔   کیا انہوں نے نہیں دیکھا کہ ہم بنجر زمین کی طرف پانی رواں کرتے ہیں، پھر اس سے کھیتی پیدا کرتے ہیں، جس میں سے ان کے چوپائے بھی کھاتے ہیں اور وہ خود بھی کھاتے ہیں تو یہ دیکھتے کیوں نہیں؟۔

۲۸۔   اور کہتے ہیں اگر تم سچے ہو تو یہ فیصلہ کب ہوگا؟۔

۲۹۔   کہہ دو کہ فیصلے کے دن کافروں کو ان کا ایمان لانا کچھ بھی فائدہ نہ دے گا اور نہ ان کو مہلت دی جائے گی۔

۳۰۔   تو ان سے منہ پھیر لو اور انتظار کرو یہ بھی انتظار کر رہے ہیں

۳۳۔ سورۃ الاحزاب

۱.	اے پیغمبر اللہ سے ڈرتے رہنا اور کفار و منافقین کا کہا نہ ماننا، بیشک اللہ جاننے والا اور حکمت والا ہے

۲.	اور جو کتاب آپ کو آپ کے رب کی طرف سے وحی کی جاتی ہے اسی کی پیروی کیے جانا۔ بیشک اللہ تمہارے تمام اعمال سے باخبر ہے۔

۳.	اور اللہ پر بھروسہ رکھنا اور اللہ ہی سب سے بڑا کارساز ہے۔

۴.	اللہ نے کسی آدمی کے پہلو میں دو دل نہیں بنائے اور نہ تمہاری عورتوں کو جن کو تم ماں کہہ بیٹھتے ہو۔ تمہاری ماں بنایا اور نہ تمہارے لے پالکوں کو تمہارے بیٹے بنایا۔ یہ سب تمہارے منہ کی باتیں ہیں اور اللہ تو سچی بات فرماتا ہے اور وہی سیدھا راستہ دکھاتا ہے۔

5.	مومنو! لے پالکوں کو ان کے اصلی باپوں کے نام سے پکارا کرو کہ اللہ کے نزدیک یہی بات درست ہے۔ اگر تم کو ان کے باپوں کے نام معلوم نہ ہوں تو دین میں وہ تمہارے بھائی اور دوست ہیں اور جو بات تم سے غلطی سے ہو گئی ہو اس میں تم پر کچھ گناہ

نہیں لیکن جو جان بوجھ کر ارادے سے کرے اس پر مواخذہ (پوچھ) ہے۔ اور اللہ بخشنے والا مہربان ہے۔

۶. ایمان والوں کے لیے اپنی جان سے زیادہ نبی ﷺ مقدم ہیں اور آپ کی بیویاں ان کی مائیں ہیں۔ اور رشتہ دار آپس میں کتاب اللہ کی رو سے (مسلمانوں) انصار اور مہاجروں سے ایک دوسرے کے ترکے کے زیادہ حق دار ہیں۔ مگر یہ کہ تم اپنے دوستوں سے احسان کرنا چاہو۔ یہ حکم قرآن میں لکھ دیا گیا ہے۔

۷. اور جب ہم نے پیغمبروں سے عہد لیا اور آپ سے اور نوحؑ سے اور ابراہیمؑ، موسیٰؑ اور مریم کے بیٹے عیسیٰؑ سے اور ان سے عہد بھی پکا لیا۔

۸. تاکہ سچ کہنے والوں سے ان کی سچائی کے بارے میں دریافت کرے اور اس نے کافروں کے لیے دکھ دینے والا عذاب تیار کر رکھا ہے۔

۹. مومنو! اللہ کی اس مہربانی کو یاد کرو جو اس نے تم پر اس وقت کی جب فوجیں تم پر حملہ کرنے کو آئیں تو ہم نے ان پر ہوا بھیجی اور ایسے لشکر نازل کیے جن کو تم دیکھ نہیں سکتے تھے اور جو کام تم کرتے ہو اللہ ان کو دیکھ رہا ہے۔

۱۰. جب وہ تمہارے اوپر اور نیچے کی طرف سے تم پر چڑھ آئے اور جب آنکھیں پھر گئیں اور دل مارے دہشت کے حلقوں تک پہنچ گئے اور تم اللہ کے بارے میں طرح طرح کے گمان کرنے لگے۔

۱۱.	وہاں مومن آزمائے گئے اور سخت طور پر ہلائے گئے۔

۱۲.	اور جب منافق اور وہ لوگ جن کے دلوں میں بیماری ہے کہنے لگے کہ اللہ اور اس کے رسول نے تو ہم سے محض دھوکے کا وعدہ کیا تھا

۱۳.	اور جب ان میں سے ایک جماعت کہتی تھی کہ اے اہل مدینہ یہاں تمہارے ٹھہرنے کا مقام نہیں تو لوٹ چلو اور ایک گروہ ان میں سے پیغمبر سے اجازت مانگنے لگا اور کہنے لگا کہ ہمارے گھر کھلے پڑے ہیں حالانکہ وہ کھلے نہیں تھے وہ تو صرف بھاگنا چاہتے تھے۔

۱۴.	اور اگر فوجیں اطراف مدینہ سے ان پر آ داخل ہوں پھر ان سے خانہ جنگی کے لیے کہا جائے تو فوراً کرنے لگیں اور اس کے لیے بہت کم سوچیں۔

۱۵.	حالانکہ پہلے اللہ سے اقرار کر چکے تھے کہ پیٹھ نہیں پھیریں گے اور اللہ سے جو اقرار کیا جاتا ہے اس کی ضرور پرسش ہوگی۔

۱۶.	فرما دیں کہ اگر تم مرنے یا مارنے سے بھاگتے ہو تو بھاگنا تم کو فائدہ نہیں دے گا اور اس وقت تم بہت ہی کم فائدہ اٹھاؤ گے۔

۱۷.	فرما دیں کہ اگر اللہ تمہارے ساتھ برائی کا ارادہ کرے تو کون تم کو اس سے بچا سکتا ہے۔ یا اگر تم پر مہربانی کرنا چاہے تو کون اس کو ہٹا سکتا ہے۔ اور یہ لوگ اللہ کے سوا کسی کو نہ اپنا دوست پائیں گے اور نہ مددگار۔

۱۸. اللہ تم میں سے ان لوگوں کو بھی جانتا ہے جو لوگوں کو منع کرتے ہیں اور اپنے بھائیوں سے کہتے ہیں کہ ہمارے پاس چلے آؤ۔ اور لڑائی میں نہیں آتے مگر کم۔

۱۹. یہ اس لیے کہ تمہارے بارے میں بخل کرتے ہیں پھر جب ڈر کا وقت آئے تو تم ان کو دیکھو، تمہاری طرف دیکھ رہے ہیں اور ان کی آنکھیں اسی طرح پھر رہی ہیں جیسے کسی کو موت سے غشی آ رہی ہو پھر جب خوف جاتا رہے تو تیز زبانون سے تمہارے خلاف زبان درازی کریں اور مال میں بخل کریں یہ لوگ حقیقت میں ایمان لائے ہی نہ تھے تو اللہ نے ان کے اعمال برباد کر دیے اور یہ اللہ کو آسان تھا

۲۰. خوف کے سبب خیال کرتے ہیں کہ فوجیں نہیں گئیں اور اگر لشکر آ جائیں تو خواہش کریں کہ کاش گنواروں میں جا رہیں اور تمہارے بارے میں پوچھا کریں اور اگر تمہارے درمیان میں موجود ہوں، تو لڑائی نہ کریں مگر کم (بے دلی سے)۔

۲۱. یقیناً اللہ کے رسول ﷺ کی زندگی میں تمہارے لیے بہترین نمونہ ہے ایسے شخص کے لیے جسے اللہ سے ملنے اور قیامت کے دن کے آنے کی امید ہو اور وہ اللہ کا ذکر کثرت (بہت زیادہ) سے کرتا ہو

۲۲. اور جب مومنوں نے کفار کے لشکر کو دیکھا تو کہنے لگے یہ وہی ہے جس کا اللہ اور رسول اللہ ﷺ نے ہم سے وعدہ کیا تھا۔ اللہ اور اس کے رسول ﷺ نے سچ کہا تھا۔ اور یوں ان کا ایمان اور اطاعت اور بڑھ گئی

۲۳۔ مومنوں میں کتنے ہی ایسے لوگ ہیں جنہوں نے اپنا وعدہ سچ کر دکھایا جو انہوں نے اللہ سے کیا تھا۔ تو ان میں بعض ایسے ہیں جو اپنی نذر سے فارغ ہو گئے (اپنا ذمہ پورا کر چکے) اور بعض انتظار کر رہے ہیں اور ایک ذرہ بھی نہیں بدلے۔

۲۴۔ تاکہ اللہ سچوں کو ان کی سچائی کا بدلہ دے اور منافقوں کو چاہے تو عذاب دے یا چاہے تو ان پر مہربانی کرے بیشک اللہ بخشنے والا مہربان ہے۔

۲۵۔ اور جو کافر تھے ان کو اللہ نے پھیر دیا وہ اتنے غصہ میں بھرے ہوئے تھے کہ کچھ بھلائی حاصل نہ کر سکے اور اللہ مومنوں کو لڑائی کے اعتبار سے کافی ہے، اللہ طاقتور اور زبردست ہے۔

۲۶۔ اور اہل کتاب میں سے جنہوں نے ان کی مدد کی تھی ان کو ان کے قلعوں سے اتار دیا اور ان کے دلوں میں دہشت ڈال دی۔ ایک جماعت کو تم نے قتل کیا اور ایک جماعت کو قید کیا۔

۲۷۔ ان کی زمین اور ان کے گھروں اور ان کے مال کا اور اس زمین کا جس میں تم نے پاؤں بھی نہیں رکھا تھا تم کو وارث بنا دیا اور اللہ ہر چیز پر قدرت رکھتا ہے۔

۲۸۔ اے پیغمبر اپنی بیویوں سے کہہ دو کہ اگر تم دنیا کی زندگی اور اس کی زینت و آرائش چاہتی ہو تو آؤ میں تمہیں کچھ مال دوں اور اچھی طرح سے رخصت کر دوں۔

۲۹۔ اور اگر تم اللہ اس کے پیغمبر اور آخرت کی خواہشمند ہو تو تم میں جو نیکی کرنے والی ہیں (پاکباز) ان کے لیے اللہ نے بہت بڑا اجر تیار کر رکھا ہے۔

۳۰۔ اے پیغمبر کی بیویو! تم میں سے جو کوئی صریح ناشائستہ حرکت کرے گی تو اس کو دو گنا زیادہ سزا دی جائے گی اور یہ کام اللہ کے لیے آسان ہے

۳۱۔ اور جو تم میں سے اللہ اور اس کے رسول کی فرمانبردار رہے گی اور نیک عمل کرے گی اس کو ہم دوگنا ثواب دیں گے اور اس کے لیے ہم نے عزت کی روزی تیار کر رکھی ہے۔

۳۲۔ اے پیغمبر کی بیویو! تم دوسری عورتوں کی طرح نہیں ہو۔ اگر تم پرہیزگار رہنا چاہتی ہو تو کسی اجنبی شخص کے ساتھ نرم لہجے سے بات نہ کیا کرو ورنہ جس شخص کے دل میں مرض ہے وہ کوئی غلط توقع لگا بیٹھے گا لہذا دستور کے مطابق بات کیا کرو۔

۳۳۔ اور اپنے گھروں میں ٹھہری رہو اور قدیم دور جاہلیت کی طرح اپنے بناؤ سنگھار کا اظہار نہ کرو۔ نماز پڑھتی رہو، زکوٰۃ دیتی رہو اور اللہ اور اس کے رسول ﷺ کی فرمانبرداری کرتی رہو۔ اے پیغمبر کے گھر والو! اللہ چاہتا ہے کہ تم سے ناپاکی کا میل کچیل دور کر دے اور تمہیں بالکل پاک صاف کر دے۔

۳۴۔ اور تمہارے گھروں میں جو اللہ کی آیات پڑھی جاتی ہیں اور حکمت کی باتیں سنائی جاتی ہیں، ان کو یاد رکھو۔ بیشک اللہ باریک بین اور باخبر ہے۔

۳۵.	بیشک مسلمان مرد اور مسلمان عورتیں، مومن مرد اور مومن عورتیں، فرمانبردار مرد اور فرمانبردار عورتیں، راست باز مرد اور راستباز عورتیں، صبر کرنے والے مرد اور صبر کرنے والی عورتیں، خشوع کرنے والے مرد اور خشوع کرنے والی عورتیں، خیرات کرنے والے مرد اور خیرات کرنے والی عورتیں، روزہ رکھنے والے مرد اور روزہ رکھنے والی عورتیں، اپنی شرمگاہوں کی حفاظت کرنے والے مرد اور حفاظت کرنے والی عورتیں، اللہ کو زیادہ یاد کرنے والے مرد اور زیادہ یاد کرنے والی عورتیں، ان سب کے لیے اللہ نے بخشش اور اجر عظیم تیار کر رکھا ہے۔

۳۶.	اور کسی مومن مرد اور مومنہ عورت کو حق نہیں ہے کہ جب اللہ اور اس کا رسول کوئی حکم مقرر کر دیں تو وہ اس کام میں اپنا بھی کچھ اختیار سمجھیں اور جو کوئی اللہ اور اس کے رسول کی نافرمانی کرے وہ صریح گمراہ ہو گیا

۳۷.	اور جب تم اس شخص سے جس پر اللہ نے احسان کیا اور تم نے بھی احسان کیا، کہہ رہے تھے کہ اپنی بیوی کو اپنے پاس رہنے دے اور اللہ سے ڈر اور تم اپنے دل میں وہ بات پوشیدہ کرتے تھے جس کو اللہ ظاہر کرنے والا تھا۔ اور تم لوگوں سے ڈرتے تھے حالانکہ ڈرنا تو صرف اللہ سے چاہیے۔ پھر جب زید نے اس سے اپنی غرض پوری کر لی یعنی نکاح کے بعد اسے طلاق دے دی تو ہم نے تم سے اس کا نکاح کر دیا۔ تاکہ مومنوں کے لیے ان کے منہ بولے بیٹوں کی بیویوں کے ساتھ نکاح کرنے کے بارے میں کچھ تنگی نہ رہے جب وہ انہیں طلاق دے دیں اور اللہ کا حکم واقع ہو کر رہنے والا تھا

۳۸۔ پیغمبر پر اس کام میں کچھ تنگی نہیں جو اللہ نے ان کے لیے مقرر کر دیا۔ اور جو لوگ پہلے گزر چکے ہیں ان میں بھی اللہ کا یہی دستور رہا ہے۔ اور اللہ کا حکم ایک طے شدہ فیصلہ ہوتا ہے

۳۹۔ اور جو اللہ کے پیغام جوں کے توں پہنچاتے اور اس سے ڈرتے، اور اللہ کے سوا کسی سے نہیں ڈرتے تھے اور اللہ ہی حساب کرنے کو کافی ہے

۴۰۔ اور محمدﷺ تمہارے مردوں میں سے کسی کے والد نہیں ہیں بلکہ اللہ کے پیغمبر اور نبیوں کی نبوت کی مہر یعنی اس کو ختم کر دینے والے ہیں اور اللہ ہر چیز سے واقف ہے۔

۴۱۔ اے اہل ایمان اللہ کا کثرت سے ذکر کرو۔

۴۲۔ صبح اور شام اس کی پاکی بیان کرتے رہو۔

۴۳۔ وہی تو ہے جو تم پر رحمت بھیجتا ہے اور اس کے فرشتے بھی، تاکہ تم کو اندھیروں سے نکال کر روشنی کی طرف لے جائے اور اللہ مومنوں پر مہربان ہے۔

۴۴۔ جس روز وہ ان سے ملاقات کریں گے ان کا تحفہ اللہ کی طرف سے سلام ہوگا اور اس نے ان کے لیے بڑا ثواب تیار کر رکھا ہے۔

۴۵۔ اے پیغمبر ہم نے آپ کو گواہی دینے والا، خوشخبری سنانے والا اور ڈرانے والا بنا کر بھیجا ہے۔

۴۶۔ اللہ کی طرف بلانے والا اور چراغ روشن۔

۴۷. اور مومنوں کو خوشخبری سنادو کہ ان کے لیے اللہ کی طرف سے بڑا فضل ہے۔

۴۸. کافروں اور منافقوں کا کہا نہ ماننا اور نہ ان کے تکلیف دینے پر نظر کرنا اور اللہ پر بھروسہ رکھنا اور اللہ ہی کارساز کافی ہے۔

۴۹. مومنو! جب تم مومن عورتوں سے نکاح کر کے ان کو ہاتھ لگانے یعنی ان کے پاس جانے سے پہلے طلاق دے دو تو تم کو کچھ اختیار نہیں کہ ان سے عدت پوری کراؤ۔ ان کو کچھ فائدہ یعنی خرچ دے کر اچھی طرح رخصت کر دو۔

۵۰. اے پیغمبر ہم نے تمہارے لیے تمہاری بیویاں جن کو تم نے ان کے مہر دے دیے ہیں حلال کر دی ہیں اور تمہاری لونڈیاں جو اللہ نے تم کو کفار سے بطور مال غنیمت دلوائی ہیں اور تمہارے چچا کی بیٹیاں اور تمہاری پھوپھیوں کی بیٹیاں اور تمہارے ماموؤں کی بیٹیاں اور تمہاری خالاؤں کی بیٹیاں جو تمہارے ساتھ وطن چھوڑ کر آئی ہیں سب حلال ہیں اور کوئی مومن عورت اگر خود کو پیغمبر کے لیے بخش دے یعنی بغیر مہر لیے نکاح میں آنا چاہے بشرطیکہ پیغمبر بھی اس سے نکاح کرنا چاہیں تو وہ بھی حلال ہے لیکن یہ اجازت اے محمد ﷺ خاص آپ کو ہی ہے سب مسلمانوں کو نہیں۔ ہم نے ان کی بیویوں اور لونڈیوں کے بارے میں جو مہر واجب الادا مقرر کر دیا ہے ہم کو معلوم ہے یہ اس لئے کیا گیا ہے کہ تم پر کسی طرح کی تنگی نہ رہے اور اللہ بخشنے والا مہربان ہے۔

۵۱. اور تم کو یہ بھی اختیار ہے کہ جس بیوی کو چاہو علیحدہ رکھو اور جسے چاہو اپنے پاس رکھو اور جس کو تم نے علیحدہ کر دیا ہو اگر اس کو پھر اپنے پاس طلب کر لو تو تم پر کچھ گناہ نہیں یہ

اجازت اس لیے ہے کہ ان کی آنکھیں ٹھنڈی رہیں اور وہ غمناک نہ ہوں اور جو کچھ تم ان کو دو اسے لے کر سب خوش رہیں۔ اور جو کچھ تمہارے دلوں میں ہے اللہ اس کو جانتا ہے اور اللہ جاننے والا بردبار ہے۔

۵۲۔ اے پیغمبر ان کے سوا اور عورتیں تم کو جائز نہیں اور نہ یہ کہ ان بیویوں کو چھوڑ کر اور بیویاں کر لو خواہ ان کا حسن تم کو کیسا ہی اچھا لگے مگر وہ جو تمہارے ہاتھ کا مال ہے یعنی لونڈیوں کے بارے میں تم کو اختیار ہے اور اللہ ہر چیز پر نگاہ رکھتا ہے۔

۵۳۔ مومنو! پیغمبر کے گھروں میں نہ جایا کرو مگر اس صورت میں کہ تم کو کھانے کے لیے اجازت دی جائے اور اس کے پکنے کا انتظار بھی نہ کرنا پڑے لیکن جب تمہاری دعوت کی جائے تو جاؤ اور جب کھانا کھا چکو تو رخصت ہو جاؤ اور باتوں میں دل لگا کر نہ بیٹھے رہو یہ بات پیغمبر کو ایذا دیتی ہے وہ تم سے شرم کرتے ہیں اور کہتے نہیں مگر اللہ سچی بات کہنے سے شرم نہیں کرتا۔ اور جب پیغمبر کی بیویوں سے کوئی سامان مانگو تو پردے کے باہر سے مانگو یہ تمہارے اور ان کے دلوں کی پاکیزگی کے لیے اچھی بات ہے اور تم کو یہ شایان نہیں کہ اللہ کے رسول کو تکلیف دو اور نہ یہ کہ ان کی بیویوں سے ان کے بعد نکاح کرو بیشک یہ اللہ کے نزدیک بڑے گناہ کا کام ہے۔

۵۴۔ اگر تم کسی چیز کو ظاہر کرو یا اس کو چھپاؤ تو یاد رکھو اللہ ہر چیز کو جانتا ہے۔

۵۵. عورتوں پر اپنے باپوں سے پردہ نہ کرنے میں کچھ گناہ نہیں، نہ اپنے بیٹوں سے، نہ اپنے بھائیوں سے، نہ اپنے بھتیجوں سے، نہ اپنے بھانجوں سے، نہ اپنے جیسی عورتوں سے، نہ لونڈیوں سے، اور اے عورتو! اللہ سے ڈرتی رہو بیشک اللہ ہر چیز سے واقف ہے۔

۵۶. اللہ اور اس کے فرشتے پیغمبر ﷺ پر درود بھیجتے ہیں اے مومنو! تم بھی پیغمبر پر درود اور سلام بھیجا کرو۔

۵۷. جو لوگ اللہ اور اس کے پیغمبر کو رنج پہنچاتے ہیں ان پر اللہ دنیا و آخرت میں لعنت کرتا ہے اور ان کے لیے اس نے ذلیل کرنے والا عذاب تیار کر رکھا ہے

۵۸. اور جو لوگ مومن مردوں اور مومن عورتوں کو ایسے کام کی تہمت سے ایذا دیں جو انہوں نے کیا نہ ہو تو (اس طرح بہتان لگانے والے) انہوں نے صریح گناہ کا بوجھ اپنے سر رکھا۔

۵۹. اے پیغمبر ﷺ اپنی بیویوں اور بیٹیوں اور مسلمانون کی عورتوں سے کہہ دو کہ جب باہر نکلا کریں تو اپنے مونہوں پر چادر لٹکا کر گھونگٹ نکال لیا کریں اس طرح وہ پہچانی جا سکیں گی (کہ وہ مسلمان ہیں) تو کوئی اور ان کو تکلیف نہ پہنچائے گا اور اللہ بخشنے والا مہربان ہے۔

۶۰. اگر منافق اور وہ لوگ جن کے دلوں میں مرض ہے اور جو مدینہ کے شہر میں بری بری خبریں اڑایا کرتے ہیں اپنے کردار سے باز نہ آئیں گے تو ہم تم کو ان کے پیچھے لگا دیں گے پھر وہ تمہارے پڑوس میں بھی نہ رہ سکیں گے مگر تھوڑے دن۔

۶۱. وہ بھی پھٹکارے ہوئے جہاں بھی پائے جائیں گئے پکڑے جائیں گئے اور جان سے مار ڈالے جائیں گئے

۶۲. جو لوگ پہلے گزر چکے ہیں ان کے بارے میں بھی اللہ کی یہی مرضی رہی ہے اور تم اللہ کی عادت میں تغیر و تبدل نہ پاؤ گے

۶۳. لوگ تم سے قیامت کے بارے میں پوچھتے ہیں کہ کب آئے گی؟ کہہ دو کہ اس کا علم اللہ ہی کو ہے۔ اور تمہیں کیا معلوم ہے شاید قیامت قریب ہی آ گئی ہو۔

۶۴. بیشک اللہ نے کافروں پر لعنت کی ہے اور ان کے لیے جہنم کی آگ تیار کر رکھی ہے۔

۶۵. اس میں ہمیشہ ہمیشہ کے لیے رہیں گے نہ کسی کو دوست پائیں گے اور نہ مددگار۔

۶۶. جس دن ان کے منہ آگ میں الٹا دیے جائیں گے تو کہیں گے اے کاش! ہم اللہ کی فرمانبرداری کرتے اور رسول اللہ کا حکم مانتے۔

۶۷. اور کہیں گے کہ اے ہمارے پروردگار! ہم نے اپنے سرداروں اور بڑے لوگوں کا کہا مانا تو انہوں نے ہم کو (سیدھے) رستے سے گمراہ کیا۔

۶۸. اے ہمارے رب! ان کو دوگنا عذاب دے اور ان پر بڑی لعنت کر۔

۶۹. مومنو! تم ان لوگوں جیسے نہ ہونا جنہوں نے موسیٰ کو عیب لگا کر رنج پہنچایا تو اللہ نے ان کو بے عیب ثابت کیا اور وہ اللہ کے نزدیک آبرو والے تھے۔

۷۰. مومنو! اللہ سے ڈرا کرو اور بات سیدھی کہا کرو۔

۷۱. وہ تمہارے سب اعمال درست کر دے گا اور تمہارے گناہ بخش دے گا اور جو شخص اللہ اور اس کے رسول کی پیروی کرے گا تو بیشک وہ بڑی مراد پائے گا۔

۷۲. ہم نے امانت کے بار کو آسمانوں اور زمین پر پیش کیا تو انہوں نے اس کے اٹھانے سے انکار کیا اور اس سے ڈر گئے۔ مگر انسان نے اس کو اٹھا لیا، بیشک وہ ظالم اور جاہل تھا۔

۷۳. تاکہ اللہ منافق مردوں اور منافق عورتوں، مشرک مردوں اور مشرک عورتوں کو عذاب دے اور اللہ مومن مردوں اور مومن عورتوں پر مہربانی کرے اور اللہ تو بخشنے والا مہربان ہے۔

۳۴۔ سورۃ السبا

۱۔ سب تعریف اللہ ہی کی ہے۔ جو سب چیزوں کا مالک ہے یعنی یہ کہ جو کچھ آسمانوں میں ہے اور جو کچھ زمین میں ہے سب اسی کا ہے اور آخرت میں بھی اسی کی تعریف ہے اور وہ حکمت والا اور خبردار ہے۔

۲۔ جو کچھ زمین میں داخل ہوتا ہے جو اس میں سے نکلتا ہے اور جو آسمان سے اترتا ہے اور جو اس پر چڑھتا ہے سب اس کو معلوم ہے اور وہ مہربان اور بخشنے والا ہے

۳۔ اور کافر کہتے ہیں کہ قیامت کی گھڑی ہم پر نہیں آئے گی۔ کہہ دو کیوں نہیں آئے گی؟ میرے رب کی قسم وہ تم پر ضرور آ کر رہے گی۔ وہ رب العزت غیب کا جاننے والا ہے ذرہ بھر چیز بھی اس سے پوشیدہ نہیں نہ آسمانوں میں اور نہ زمین میں اور کوئی چیز اس سے چھوٹی یا بڑی نہیں مگر کتاب روشن میں لکھی ہوئی ہے۔

۴۔ اس لیے کہ جو لوگ ایمان لائے اور عمل نیک کرتے رہے ان کو بدلہ دے یہی وہ لوگ ہیں جن کے لیے بخشش اور عزت کی روزی ہے۔

۵. اور جنھوں نے ہماری آیتوں میں کوشش کی کہ ہمیں ہرا دیں ان کے لیے سخت درد دینے والے عذاب کی سزا ہے۔

۶. اور جن لوگوں کو علم دیا گیا ہے وہ جانتے ہیں کہ جو قرآن تمہارے رب کی طرف سے تم پر نازل ہوا ہے وہ حق ہے اور اللہ جو غالب ہے اور تعریف کے قابل ہے اس کا رستہ بتاتا ہے۔

۷. اور کافر کہتے ہیں کہ بھلا ہم تمہیں ایسا آدمی بتائیں جو تمہیں خبر دیتا ہے کہ جب تم مر کر بالکل ریزہ ریزہ ہو جاؤ گے تو نئے سرے سے پیدا ہو گے۔

۸. یا تو اس نے اللہ پر جھوٹ باندھ لیا ہے یا وہ پاگل ہے۔ بات یہ ہے کہ جو لوگ آخرت پر ایمان نہیں رکھتے وہ آفت اور پرلے درجے کی گمراہی میں بتلا ہیں۔

۹. کیا انھوں نے اس کو نہیں دیکھا جو ان کے آگے اور پیچھے ہے۔ یعنی آسمان اور زمین اگر ہم چاہیں تو ان کو زمین میں دھنسا دیں یا ان پر آسمان کے ٹکڑے گرا دیں۔ اس میں ہر بندے کے لیے جو رجوع کرنے والا ہے ایک نشانی ہے۔

۱۰. اور ہم نے داؤدؑ کو اپنی طرف سے برتری بخشی تھی اے پہاڑو! ان کے ساتھ تسبیح کرو اور پرندوں کو ان کے تابع کر دیا اور ان کے لیے لوہے کو ہم نے نرم کر دیا۔

۱۱. کہ کشادہ زرہیں بناؤ اور کڑیوں کو اندازے سے جوڑو اور نیک عمل کرو۔ جو عمل تم کرتے ہو میں ان کو دیکھنے والا ہوں۔

۱۲۔ اور ہوا کو ہم نے سلیمانؑ کا تابع کر دیا تھا اس کی صبح کی منزل ایک مہینے کی راہ ہوتی اور شام کی منزل بھی مہینہ بھر کی ہوتی اور ان کے لیے ہم نے تانبے کا چشمہ بہا دیا تھا اور جنوں میں سے ایسے تھے جو ان کے رب کے حکم سے ان کے آگے کام کرتے تھے اور جو کوئی ان میں سے ہمارے حکم سے پھرے گا اس کو ہم جہنم کی آگ کا مزہ چکھائیں گے۔

۱۳۔ وہ جو چاہتے یہ ان کے لیے بناتے یعنی قلعے، مجسمے اور بڑے بڑے لگن جیسے تالاب اور دیگیں جو ایک ہی جگہ رکھی رہیں۔ اے داؤدؑ کی اولاد! میرا شکر کرو اور میرے بندوں میں شکر گزار تھوڑے ہیں۔

۱۴۔ پھر جب ہم نے ان (سلیمانؑ) کے لیے موت کا حکم صادر کیا تو کسی چیز سے ان کا مرنا معلوم نہ ہوا مگر گھن کے کیڑے سے جو ان کے عصا کو کھاتا رہا جب عصا گر پڑا تب جنوں کو معلوم ہوا اور کہنے لگے کہ اگر وہ غیب جانتے ہوتے تو ذلت کی تکلیف میں نہ رہتے۔

۱۵۔ اہل سبا کے لیے ان کے مقام یعنی بستی میں ایک نشانی تھی یعنی دو باغ ایک داہنی طرف اور ایک بائیں طرف۔ اپنے رب کا رزق کھاؤ اور اس کا شکر ادا کرو۔ یہاں تمہارے رہنے کو یہ پاکیزہ شہر ہے اور وہاں بخشنے کو اللہ معاف کرنے والا۔

۱۶۔ تو انھوں نے شکر گزاری سے منہ پھیر لیا پس ہم نے ان پر زور کا سیلاب چھوڑ دیا اور ان کے باغوں کے بدلے دو باغ ایسے دیے جن کے میوے بدمزہ تھے اور جن میں کچھ تو جھاؤ تھا اور تھوڑی سی بیریاں۔

۱۷۔ یہ ہم نے ان کو ناشکری کی سزا دی اور ہم ناشکرے ہی کو سزا دیا کرتے ہیں۔

۱۸۔ اور ہم نے ان کے اور شام میں ان کی بستیوں کے درمیان جن میں ہم نے برکت دی تھی ایک دوسرے سے متصل دیہات بنائے تھے جو سامنے نظر آتے تھے اور ان میں آمد و رفت کا اندازہ مقرر کر دیا تھا کہ رات دن بے خوف و خطر چلتے رہو۔

۱۹۔ تو انہوں نے دعا کی کہ اے رب ہماری مسافتوں میں دوری اور طول پیدا کر دے اور اس سے انہوں نے اپنے حق میں ظلم کیا تو ہم نے انہیں مٹا کر ان کے افسانے بنا دیے اور انہیں بالکل منتشر کر دیا۔ اس میں ہر صابر و شاکر کے لیے نشانیاں ہیں۔

۲۰۔ اور شیطان نے ان کے بارے میں اپنا خیال سچ کر دکھایا کہ مومنوں کی ایک جماعت کے سوا باقی سب اس کے پیچھے چل پڑے۔

۲۱۔ اور اس کا ان پر کوئی زور نہ تھا مگر ہمارا مقصود یہ تھا کہ جو لوگ آخرت کے متعلق شک رکھتے ہیں ان سے ان لوگوں کو جو اس پر ایمان رکھتے ہیں ان سے جدا کر لیں اور تمہارا رب ہر چیز پر نگہبان ہے۔

۲۲۔ کہہ دو کہ جن کو تم اللہ کے سوا معبود خیال کرتے ہو۔ ان کو بلاؤ۔ وہ آسمانوں اور زمین میں ذرہ بھر چیز کے بھی مالک نہیں اور نہ ہی ان کی دونوں میں کوئی حصہ داری ہے۔ اور نہ ہی ان میں سے کوئی اللہ کا مددگار ہے۔

۲۳. اور اللہ کے پاس صرف اسی کی سفارش فائدہ دے گی جس کے بارے میں وہ اجازت بخشے گا یہاں تک کہ جب ان کے دلوں سے بے چینی دور کردی جائے گی تو کہیں گے تمہارے رب نے کیا فرمایا ہے؟ فرشتے کہیں گے جو فرمایا ہے حق فرمایا ہے اور وہ سب سے اوپر بڑا ہے۔

۲۴. پوچھو کہ تمہیں آسمانوں اور زمین سے کون رزق دیتا ہے؟ کہو کہ اللہ اور ہم یا تم سیدھے راستے پر ہیں یا صریح گمراہی میں ہیں۔

۲۵. کہہ دو کہ جو گناہ ہم کریں گے اس کا سوال تم سے نہیں ہوگا اور جو تم کرو گے اس کا اس کا ہم سے نہیں

۲۶. کہہ دو کہ ہمارا رب ہمیں جمع کرے گا پھر ہمارے درمیان انصاف سے فیصلہ کر دے گا۔ وہ خوب فیصلہ کرنے والا اور علم رکھنے والا ہے۔

۲۷. کہہ دو کہ مجھے وہ لوگ تو دکھاؤ جن کو تم نے اللہ کا شریک بنا کر اس کے ساتھ ملا رکھا ہے؟ کوئی نہیں، بلکہ وہی اکیلا اللہ غالب اور حکمت والا ہے۔

۲۸. اور اے محمد ﷺ! ہم نے تم کو تمام لوگوں کے لیے خوشخبری سنانے والا اور ڈرانے والا بنا کر بھیجا ہے، لیکن اکثر لوگ نہیں جانتے۔

۲۹. اور کہتے ہیں اگر تم سچ کہتے ہو تو یہ قیامت کا وعدہ کب پورا ہوگا؟

۳۰. کہہ دو کہ تم سے ایک دن کا وعدہ ہے. جس سے نہ ایک گھڑی پیچھے رہو گے نہ آگے بڑھو گے۔

۳۱. اور جو کافر ہیں وہ کہتے ہیں کہ ہم نہ تو اس قرآن کو مانیں گے اور نہ ان کتابوں کو جو ان سے پہلے کی ہیں اور کاش تم ان ظالموں کو اس وقت دیکھو جب یہ اپنے رب کے سامنے کھڑے ہوں گے اور ایک دوسرے سے بحث مباحثہ کر رہے ہوں گے۔ جو لوگ کمزور سمجھے جاتے تھے وہ بڑے لوگوں سے کہیں گے کہ اگر تم نہ ہوتے تو ہم ضرور مومن ہو جاتے۔

۳۲. بڑے لوگ کمزوروں سے کہیں گے کہ بھلا ہم نے تمہیں حق بات سے روکا تھا جب وہ تمہارے پاس آچکی تھی؟ ایسا نہیں ہے بلکہ تم ہی گنہگار تھے۔

۳۳. کمزور لوگ بڑے لوگوں سے کہیں گے کہ نہیں بلکہ تمہاری دن رات کی چالوں نے ہمیں روک رکھا تھا۔ جب تم ہم سے کہتے تھے کہ ہم اللہ سے کفر کریں اور اس کا شریک بنائیں۔ اور جب وہ عذاب کو دیکھیں گے تو دل میں پشیماں ہوں گے اور ہم کافروں کی گردنوں میں طوق ڈال دیں گے۔ بس جو عمل وہ کرتے تھے انہی کا ان کو بدلہ ملے گا۔

۳۴. اور ہم نے کسی بستی میں کوئی ڈرانے والا نہیں بھیجا مگر وہاں کے خوشحال لوگوں نے کہا کہ جو چیز تم دے کر بھیجے گئے ہو ہم اس کو نہیں مانتے۔

۳۵. اور یہ بھی کہنے لگے کہ ہم بہت سا مال اور اولاد رکھتے ہیں اور ہم کو عذاب نہیں ہو گا۔

۳۶. کہہ دو کہ میرا رب جس کے لیے چاہتا ہے روزی فراخ کر دیتا ہے اور جس کے لیے چاہتا ہے تنگ کر دیتا ہے۔ لیکن اکثر لوگ نہیں جانتے۔

۳۷. اور تمہارا مال اور اولاد ایسی چیز نہیں کہ تم کو ہمارا پسندیدہ بنا دے، ہاں ہمارا پسندیدہ وہ ہے جو ایمان لایا اور نیک عمل کیے۔ ایسے ہی لوگوں کو ان کے اعمال کی وجہ سے دگنا بدلہ دیا جائے گا اور وہ آرام سے بالاخانوں میں بیٹھے ہوں گے۔

۳۸. جو لوگ ہماری آیتوں میں کوشش کرتے ہیں کہ ہمیں ہرا دیں وہ عذاب میں پکڑے ہوئے آئیں گے۔

۳۹. کہہ دو کہ میرا رب اپنے بندوں میں سے جس کے لیے چاہتا ہے روزی فراخ کر دیتا ہے اور جس کے لیے چاہتا ہے تنگ کر دیتا ہے اور تم جو چیز خرچ کرو گے وہ اس کا تمہیں بدلہ دے گا۔ وہ سب سے بہتر رزق دینے والا ہے۔

۴۰. اور جس دن وہ ان سب کو جمع کرے گا پھر فرشتوں سے فرمائے گا کیا یہ لوگ تم کو پوجا کرتے تھے

۴۱. وہ کہیں گے تو پاک ہے تو ہی ہمارا ولی ہے نہ کہ یہ لوگ۔ یہ جنات کو پوجا کرتے تھے اور اکثر انہی کو مانتے تھے

۴۲. تو آج تم میں سے کوئی کسی کو نفع یا نقصان پہچانے کا اختیار نہیں رکھتا اور ہم ظالموں سے کہیں گے کہ جس دوزخ کے عذاب کو تم جھوٹ سمجھتے تھے، مزہ چکھو۔

۴۳۔ اور جب ان کو ہماری روشن آیات پڑھ کر سنائی جاتی ہیں تو کہتے ہیں کہ یہ ایک شخص ہے جو چاہتا ہے کہ جن چیزوں کی تمہارے باپ دادا پرستش کیا کرتے تھے ان سے تم کو روک دے اور یہ بھی کہتے ہیں کہ یہ قرآن بالکل جھوٹ ہے جو اپنی طرف سے بنا لیا گیا ہے۔ اور کفار کے پاس جب حق آیا تو اس کے بارے میں کہنے لگے کہ یہ تو صریح جادو ہے۔

۴۴۔ اور ہم نے نہ تو ان مشرکوں کو کوئی کتابیں دیں جن کو یہ پڑھتے ہیں اور نہ تم سے پہلے ان کے پاس کوئی ڈرانے والا بھیجا مگر انہوں نے تکذیب کی۔

۴۵۔ اور جو لوگ ان سے پہلے تھے انہوں نے جھٹلایا تھا اور جو کچھ ہم نے ان کو دیا تھا یہ اس کے دسویں حصے کو بھی نہیں پہنچے تو انہوں نے میرے پیغمبروں کو جھٹلایا سو میرا عذاب کیسا ہوا؟

۴۶۔ کہہ دو کہ میں تمہیں صرف ایک بات کی نصیحت کرتا ہوں کہ تم اللہ کے کام کے لیے اٹھ کھڑے ہو۔ دو دو اور ایک ایک کر کے پھر غور کرو تمہارے رفیق کو کوئی جنون نہیں وہ تو آنے والے عذاب سے صرف ڈرانے والا ہے۔

۴۷۔ کہہ دو کہ میں نے تم سے کوئی معاوضہ مانگا ہو تو وہ تمہارا ہی ہو۔ میرا معاوضہ تو اللہ ہی کے ذمہ ہے اور وہ ہر چیز سے خبردار ہے۔

۴۸۔ کہہ دو کہ میرا رب اوپر سے حق اتارتا ہے اور وہ غیب کی باتوں کا جاننے والا ہے۔

۴۹. کہہ دو کہ حق آ چکا اور باطل نہ پہلی بار پیدا کر سکا اور نہ دوبارہ پیدا کرے گا۔

۵۰. کہہ دو کہ اگر میں گمراہ ہوں تو میری گمراہی کا نقصان مجھی کو ہوگا اور اگر ہدایت پر ہوں تو یہ اس کی وجہ سے ہے جو میرا رب میری طرف وحی بھیجتا ہے۔ بیشک وہ سننے والا اور نزدیک ہے۔

۵۱. اور کاش تم دیکھو جب یہ گھبرا جائیں گے تو عذاب سے بچ نہیں سکیں گے اور نزدیک ہی سے پکڑ لیے جائیں گے۔

۵۲. اور کہیں گے کہ ہم اس پر ایمان لے آئے اور اب اتنی دور سے ان کا ہاتھ ایمان لینے کے لیے کیونکر پہنچ سکتا ہے؟

۵۳. پہلے تو اس سے انکار کرتے رہے اور بغیر دیکھے دور ہی سے خیالی تیر چلاتے رہے۔

۵۴۔ اور ان میں ان کی خواہش کی چیزوں میں پردہ حائل کر دیا گیا جیسا کہ پہلے ان جیسے لوگوں سے کیا گیا وہ بھی الجھن میں ڈالنے والے شک میں پڑے ہوئے تھے۔

۳۵۔ سورۃ فاطر

۱. سب تعریف اللہ ہی کے لیے ہے جو آسمانوں اور زمین کا پیدا کرنے والا ہے۔ اور فرشتوں کو قاصد بنانے والا ہے۔ جن کے دو دو، تین تین اور چار چار پر ہیں وہ اپنی مخلوقات میں جو چاہتا ہے بڑھاتا ہے۔ بیشک اللہ ہر چیز پر قادر ہے۔

۲. اللہ جو اپنی رحمت کا دروازہ کھول دے تو کوئی اس کو بند کرنے والا نہیں اور جو وہ بند کر دے تو اس کے بعد کوئی اسے کھولنے والا نہیں اور وہ غالب حکمت والا ہے۔

۳. لوگو! اللہ کے جو تم پر احسانات ہیں ان کو یاد کرو۔ کیا اللہ کے سوا کوئی اور خالق اور رازق ہے جو تم کو آسمان اور زمین سے رزق دے؟ اس کے سوا کوئی معبود نہیں پس تم کہاں بھکے پھرتے ہو۔

۴. اور اے پیغمبر! اگر یہ لوگ تم کو جھٹلائیں تو تم سے پہلے بھی پیغمبر جھٹلائے گئے ہیں اور سب کام اللہ ہی کی طرف لوٹائے جائیں گے۔

۵. اے لوگو! اللہ کا وعدہ سچا ہے تو تم کو دنیا کی زندگی دھوکے میں نہ ڈال دے اور نہ شیطان فریب دینے والا تمہیں فریب دے۔

۶.　شیطان تمہارا دشمن ہے تم بھی اسے دشمن ہی سمجھو۔ وہ تو اپنے گروہ کو صرف اسی لیے بلاتا ہے تاکہ وہ سب دوزخی ہو جائیں۔

۷.　جنہوں نے کفر کیا ان کے لیے سخت عذاب ہے اور جو ایمان لائے اور نیک عمل کرتے رہے ان کے لیے بخشش اور بڑا ثواب ہے۔

۸.　بھلا جس کو اس کے برے اعمال اچھے کر کے دکھائے جائیں اور وہ ان کو بہترین سمجھنے لگے تو کیا وہ نیکو کار آدمی جیسا ہو سکتا ہے؟ بیشک اللہ جسے چاہتا ہے گمراہ کرتا ہے اور جسے چاہتا ہے ہدایت دیتا ہے۔ لہذا آپ کی جان ان پر حسرتوں کی وجہ سے نہ جاتی رہے یہ جو کچھ کرتے ہیں اللہ اس سے واقف ہے۔

۹.　اور اللہ ہی تو ہے جو ہوائیں چلاتا ہے اور وہ بادل کو ابھارتی ہیں، پھر ہم اس کو ایک بے جان شہر کی طرف چلاتے ہیں پھر زمین کو اس کے مرنے کے بعد زندہ کر دیتے ہیں اسی طرح مُردوں کو بھی جی اٹھنا ہو گا۔

۱۰.　جو شخص عزت کا طلب گار ہے تو عزت سب اللہ ہی کی ہے۔ اسی کی طرف پاکیزہ کلمات چڑھتے ہیں اور نیک عمل ان کو بلند کرتے ہیں اور جو لوگ برے مکر کرتے ہیں ان کے لیے سخت عذاب ہے اور ان کا مکر برباد ہو جائے گا۔

۱۱.　اور اللہ ہی نے تم کو مٹی سے پیدا کیا پھر نطفے سے پھر تم کو جوڑا جوڑا بنا دیا اور کوئی مادہ نہ حاملہ ہوتی ہے اور نہ بچہ جنتی ہے مگر اس اللہ کے علم میں ہے اور نہ کسی بڑی عمر

والے کو عمر زیادہ دی جاتی ہے اور نہ اس کی عمر کم کی جاتی ہے مگر سب کچھ کتاب میں لکھا ہوا ہے۔ بیشک یہ اللہ کے لیے آسان ہے۔

۱۲۔   اور دو نوں دریا مل کر یکساں نہیں ہوتے یہ تو میٹھا ہے ، پیاس بجھانے والا ، جس کا پانی خوشگوار ہے اور یہ کھاری ہے ، کڑوا۔ اور ان سب دریاؤں سے تم تازہ گوشت کھاتے ہو اور زیور نکالتے ہو، جسے پہنتے ہو اور تم دریا میں کشتیوں کو دیکھتے ہو کہ پانی کو پھاڑتی چلی آتی ہیں تاکہ تم اس کے فضل سے معاش تیار کرو اور تاکہ شکر کرو۔

۱۳۔   وہی رات کو دن میں داخل کرتا ہے اور اسی نے سورج اور چاند کو کام میں لگا دیا ہے۔ ہر ایک ایک وقت مقررہ تک چل رہا ہے۔ یہی اللہ تمہارا پروردگار ہے اسی کی بادشاہی ہے اور جن لوگوں کو تم اس کے سوا پکارتے ہو وہ کھجور کی گٹھلی کے ایک چھلکے کے بھی مالک نہیں ۔

۱۴۔   اگر تم ان کو پکارو تو وہ تمہاری پکار نہ سنیں اور اگر سن بھی لیں تو تمہاری بات کو قبول نہ کر سکیں اور قیامت کے روز تمہارے شرک سے انکار کر دیں گے ، اور آپ کو ایک پوری خبر رکھنے والے (اللہ) کی طرح کوئی خبر نہیں دے گا۔

۱۵۔   اے لوگو! تم سب اللہ کے محتاج ہو اور اللہ بے پروا ہ سب تعریفوں والا ہے

۱۶۔   اگر چاہے تو تم کو نیست و نابود کر دے اور نئی مخلوقات لا کر آباد کر دے۔

۱۷۔   اور یہ اللہ کے لیے کچھ مشکل نہیں ۔

۱۸. اور (قیامت کے دن) کوئی دوسرے کا بوجھ اٹھانے والا نہ ہوگا۔ اور کوئی بوجھ میں دبا ہوا اپنے بوجھ کو بٹانے کو کسی کو بلائے تو کوئی اس میں سے کچھ نہ اٹھائے گا، اگرچہ قرابتدار ہی ہو۔ اے پیغمبر آپ انہی لوگوں کو نصیحت کر سکتے ہو، جو بن دیکھے اپنے رب سے ڈرتے ہیں اور نماز قائم رکھتے ہیں۔ جو شخص پاک ہوتا ہے وہ اپنے لیے ہی پاک ہوتا ہے اور سب کو اللہ ہی کی طرف لوٹ کر جانا ہے۔

۱۹. اندھا اور آنکھ والا برابر نہیں۔

۲۰. نہ اندھیرا اور روشنی۔

۲۱. اور نہ سایہ اور دھوپ۔

۲۲. نہ زندہ اور مردے برابر ہو سکتے ہیں۔ اللہ جس کو چاہتا ہے سنا دیتا ہے اور تم ان کو جو قبروں میں دفن ہیں نہیں سنا سکتے۔

۲۳. تم تو صرف ڈرانے والے ہو۔

۲۴. ہم نے تم کو حق کے ساتھ خوشخبری سنانے والا اور ڈرانے والا بنا کر بھیجا ہے اور کوئی امت نہیں مگر اس میں ڈرانے والا گزر چکا ہے

۲۵. اور اگر یہ تمہاری تکذیب کریں بلاشبہ تو جو لوگ ان سے پہلے تھے وہ بھی اپنے پیغمبروں کو جھٹلا چکے ہیں۔ ان کے پاس ان کے پیغمبر واضح دلیلوں کے ساتھ اور صحیفوں کے ساتھ اور اور روشن کتاب کے ساتھ آتے تھے۔

۲۶. پھر میں نے کفار کو پکڑلیا، سو دیکھ لو کہ میرا عذاب کیسا ہوا؟۔

۲۷. کیا تم نے نہیں دیکھا کہ اللہ نے آسمان سے مینہ برسایا تو ہم نے اس سے طرح طرح کے رنگوں کے میوے پیدا کیے اور پہاڑوں میں سرخ اور سفید رنگوں کے قطعات ہیں اور بعض کالے سیاہ ہیں۔

۲۸. انسانوں، جانوروں اور چارپایوں کے بھی کئی طرح کے رنگ ہیں۔ اللہ سے اس کے بندوں میں سے وہی ڈرتے ہیں جو علم رکھتے ہیں، بیشک اللہ غالب اور بخشنے والا ہے۔

۲۹. جو لوگ اللہ کی کتاب پڑھتے اور نماز کی پابندی کرتے ہیں اور جو کچھ ہم نے ان کو دیا ہے اس میں سے پوشیدہ اور ظاہر خرچ کرتے ہیں وہ اس تجارت کے فائدے کے امیدوار ہیں جو کبھی تباہ نہیں ہوگی۔

۳۰. کیونکہ اللہ ان کو پورا پورا بدلہ دے گا اور اپنے فضل سے کچھ زیادہ بھی دے گا وہ تو بخشنے والا اور قدردان بھی ہے۔

۳۱. اور یہ کتاب جو ہم نے تمہاری طرف بھیجی ہے برحق ہے اور ان کتابوں کی تصدیق کرتی ہے جو اس سے پہلے کی ہیں۔ بیشک اللہ اپنے بندوں سے خبردار اور ان کو دیکھنے والا ہے

۳۲۔ پھر ہم نے ان لوگوں کو کتاب کا وارث ٹھہرایا جن کو اپنے بندوں میں سے برگزیدہ کیا۔ تو کچھ ان میں سے اپنے آپ پر ظلم کرتے ہیں اور کچھ میانہ رو ہیں اور کچھ اللہ کے حکم سے نیکیوں میں آگے نکل جانے والے ہیں یہی بڑا فضل ہے۔

۳۳۔ ان لوگوں کے لیے رہنے کے باغ ہیں جن میں وہ جائیں گے۔ وہاں ان کو سونے کے کنگن اور موتی پہنائے جائیں گے اور ان کے لباس ریشمی ہوں گے۔

۳۴۔ وہ کہیں گے اللہ کا شکر ہے جس نے ہم سے غم دور کیا بیشک ہمارا رب بخشنے والا اور قدردان ہے۔

۳۵۔ جس نے ہمیں اپنے فضل سے ہمیشہ کے رہنے والے گھر میں اتارا۔ یہاں نہ تو ہم کو رنج پہنچے گا اور نہ ہمیں تھکاوٹ ہی ہوگی۔

۳۶۔ اور جن لوگوں نے کفر کیا، ان کے لیے دوزخ کی آگ ہے، نہ انہیں موت آئے گی کہ مر جائیں اور نہ اس کا عذاب ہی ان سے ہلکا کیا جائے گا ہم ہر ایک ناشکرے کو ایسا ہی بدلہ دیا کرتے ہیں۔

۳۷۔ وہ اس میں چلائیں گے کہ اے رب ہم کو نکال لے اب ہم نیک عمل کیا کریں گے۔ نہ کہ وہ جو پہلے کرتے تھے۔ کیا ہم نے تم کو اتنی عمر نہیں دی تھی کہ اس میں جو سوچنا چاہتا سوچ لیتا، اور تمہارے پاس ڈرانے والا بھی آیا، تو اب مزے چکھو، ظالموں کا کوئی مددگار نہیں۔

۳۸۔ بیشک اللہ ہی آسمانوں اور زمین کی پوشیدہ باتوں کا جاننے والا ہے، وہ تو دل کے بھیدوں تک سے واقف ہے۔

۳۹۔ وہی تو ہے جس نے تم کو زمین میں جانشین بنایا تو جس نے کفر کیا اس کے کفر کا نقصان اسی کو ہے، اور کافروں کے حق میں ان کے کفر سے پروردگار کے ہاں ناخوشی ہی بڑھتی ہے اور کفار کو ان کا کفر ہی زیادہ نقصان دیتا ہے۔

۴۰۔ بھلا تم نے اپنے شریکوں کو دیکھا جن کو تم اللہ کے سوا پکارتے ہو۔ مجھے دکھاؤ کہ انہوں نے زمین سے کون سی چیز پیدا کی یا بتاؤ کہ آسمانوں میں ان کی شرکت ہے یا ہم نے ان کو کتاب دی ہے۔ جس کی وہ سند رکھتے ہیں؟ ان میں سے کوئی بات بھی نہیں بلکہ ظالم ایک دوسرے کو ہی صرف فریب کا وعدہ دیتے ہیں ہے۔

۴۱۔ اللہ ہی آسمانوں اور زمین کو تھامے رکھتا ہے کہ ٹل نہ جائیں، اگر وہ ٹل جائیں تو اللہ کے سوا کوئی ایسا نہیں جو ان کو تھام سکے بیشک وہ بردبار اور بخشنے والا ہے۔

۴۲۔ اور یہ اللہ کی سخت سخت قسمیں کھاتے ہیں کہ اگر ان کے پاس کوئی ہدایت کرنے والا آئے تو ہر ایک امت سے بڑھ کر ہدایت پانے والے ہوں گے۔ مگر جب ان کے پاس ہدایت کرنے والا آیا تو اس سے ان کو نفرت ہی بڑھی۔

۴۳۔ انہوں نے ملک میں غرور کرنا اور بری چال چلنا اختیار کیا، اور بری چال کا وبال اس کے چلنے والے پر ہی پڑتا ہے۔ یہ اگلے لوگوں کی روش کے سوا اور کسی چیز کے منتظر

نہیں، سو تم اللہ کی عادت میں ہرگز تبدیلی نہ پاؤ گے اور اللہ کے طریقے میں کبھی تغیر نہ دیکھو گے۔

۴۴. کیا انہوں نے زمین میں کبھی سیر نہیں کی؟ تاکہ دیکھتے کہ جو لوگ ان سے پہلے تھے ان کا انجام کیا ہوا۔ حالانکہ وہ قوت میں ان سے بہت زیادہ تھے۔ اور اللہ ایسا نہیں کہ آسمانوں اور زمین میں کوئی چیز اس کو عاجز کر سکے۔ وہ علم والا اور قدرت والا ہے۔

۴۵. اور اگر اللہ لوگوں کو ان کے اعمال کے سبب پکڑنے لگتا تو روئے زمین پر ایک بھی چلنے پھرنے والے کو نہ چھوڑتا، لیکن وہ ان کو ایک مقررہ وقت تک مہلت دیے جاتا ہے، سو جب ان کا وقت آ جائے گا تو ان کے اعمال کا بدلہ دے گا۔ اللہ تو اپنے بندوں کو دیکھ رہا ہے

۳۶۔ سورۃ یٰسٓ

۱. یٰسٓ۔

۲. قسم ہے قرآن کی جو حکمت سے بھرا ہوا ہے۔

۳. اے محمد صلی اللہ علیہ وآلہ وسلم! بیشک آپ پیغمبروں میں سے ہیں۔

۴. سیدھے رستے پر۔

۵. یہ قرآن اللہ غالب اور مہربان نے نازل کیا ہے۔

۶. تاکہ تم ان لوگوں کو جن کے باپ دادا کو متنبہ نہیں کیا گیا تھا متنبہ کر دو، کیونکہ وہ غفلت میں پڑے ہوئے ہیں۔

۷. ان میں سے اکثر پر اللہ کی بات پوری ہو چکی ہے، سو وہ ایمان نہیں لائیں گے

۸. ہم نے ان کی گردنوں میں طوق ڈال رکھے ہیں اور وہ ٹھوڑیوں تک پھنسے ہوئے ہیں تو ان کے سر اوپر کو اٹھا دیے ہوئے ہیں۔

۹. اور ہم نے ان کے آگے بھی دیوار بنا دی اور ان کے پیچھے بھی پھر ان پر پردہ ڈال دیا تو یہ دیکھ نہیں سکتے۔

۱۰. اور تم ان کو نصیحت کرو یا نہ کرو ان کے لیے برابر ہے، وہ ایمان نہیں لانے والے۔

۱۱. تم تو صرف اس شخص کو نصیحت کر سکتے ہو جو نصیحت کی پیروی کرے اور اللہ سے غائبانہ ڈرے۔ سو اس کو مغفرت اور بڑے ثواب کی بشارت سنا دو۔

۱۲. بیشک ہم مُردوں کو زندہ کریں گے اور جو کچھ وہ آگے بھیج چکے ہیں اور جو ان کے نشان پیچھے رہ گئے ہیں ہم ان کو لکھتے ہیں اور ہر چیز کو ہم نے کتاب روشن یعنی لوح محفوظ میں لکھ رکھا ہے۔

۱۳. اور ان سے گاؤں والوں کا قصہ بیان کرو جب ان کے پاس پیغمبر آئے۔

۱۴. جب ہم نے ان کی طرف دو پیغمبر بھیجے تو انہوں نے ان کو جھٹلایا پھر ہم نے تیسرے سے تقویت دی، تو انہوں نے کہا کہ ہم تمہاری طرف پیغمبر ہو کر آئے ہیں۔

۱۵. وہ بولے کہ تم اور کچھ نہیں مگر ہماری طرح کے آدمی ہو اور اللہ نے کوئی چیز بھی نازل نہیں کی، تم صرف جھوٹ بولتے ہو۔

۱۶. انہوں نے کہا کہ ہمارا رب جانتا ہے کہ ہم تمہاری طرف پیغام دے کر بھیجے گئے ہیں

۱۷۔ اور ہمارے ذمہ تو صاف صاف پہنچا دینا ہے اور بس۔

۱۸۔ وہ بولے کہ ہم تم کو منحوس دیکھتے ہیں اگر تم باز نہ آؤ گے تو ہم تمہیں سنگسار کر دیں گے اور تم کو ہم سے دکھ دینے والا عذاب پہنچے گا۔

۱۹۔ انہوں نے کہا کہ تمہاری نحوست تمہارے ساتھ ہے کیا اس لیے کہ تمہیں نصیحت کی گئی بلکہ تم ایسے لوگ ہو جو حد سے بڑھ گئے ہو۔

۲۰۔ اور شہر کے دوسرے کنارے سے ایک آدمی دوڑتا ہوا آیا کہنے لگا کہ اے میری قوم پیغمبروں کے پیچھے چلو۔

۲۱۔ ایسوں کے جو تم سے صلہ نہیں مانگتے اور وہ سیدھے رستے پر ہیں۔

۲۲۔ اور مجھے کیا ہے کہ میں اس کی عبادت نہ کروں کہ جس نے مجھے پیدا کیا ہے اور اسی کی طرف تم کو لوٹ کر جانا ہے۔

۲۳۔ کیا میں اس کو چھوڑ کر اوروں کو معبود بناؤں؟ اگر اللہ میرے حق میں نقصان کرنا چاہے تو ان کی سفارش مجھے کچھ بھی فائدہ نہ دے سکے اور نہ ہی وہ مجھے چھڑا سکیں۔

۲۴۔ تب تو میں کھلی گمراہی میں مبتلا ہو گیا۔

۲۵۔ میں تمہارے رب پر ایمان لایا ہوں سو میری بات سن رکھو۔

۲۶۔ حکم ہوا کہ بہشت میں داخل ہو جا وہ بولا کاش میری قوم کو خبر ہو۔

۲۷۔ کہ اللہ نے مجھے بخش دیا اور عزت والوں میں کیا۔

۲۸. اور ہم نے اس کے بعد اس کی قوم پر کوئی لشکر نہیں اتارا اور نہ ہم اتارنے والے ہی تھے۔

۲۹. وہ تو صرف ایک چنگھاڑ تھی آتشیں سو وہ اس سے ناگہاں بجھ کر رہ گئے۔

۳۰. بندوں پر افسوس ہے کہ ان کے پاس کوئی پیغمبر نہیں آتا کہ اس کے ساتھ تمسخر کرتے

۳۱. کیا انہوں نے نہیں دیکھا کہ ہم نے ان سے پہلے بہت سے لوگوں کو ہلاک کر دیا تھا اب وہ ان کی طرف لوٹ کر نہیں آئیں گے۔

۳۲. اور سب کے سب ہمارے سامنے حاضر کیے جائیں گے۔

۳۳. اور ایک نشانی ان کے لیے مردہ زمین ہے کہ ہم نے اس کو زندہ کیا اور اس میں سے اناج اگایا پھر یہ اس میں سے کھاتے ہیں۔

۳۴. اور اس میں کھجوروں اور انگوروں کے باغ پیدا کیے اور اس میں چشمے جاری کر دیے۔

۳۵. تاکہ یہ ان کے پھل کھائیں اور ان کے ہاتھوں نے تو ان کو نہیں بنایا تو پھر کیا یہ شکر نہیں کرتے ؟

۳۶. وہ اللہ پاک ہے جس نے زمین کی نباتات کے اور خود ان کے اور جن چیزوں کی ان کو خبر نہیں سب کے جوڑے بنائے۔

۳۷. اور ایک نشانی ان کے لیے رات ہے کہ اس میں سے ہم دن کو کھینچ لیتے ہیں تو اس وقت ان پر اندھیرا چھا جاتا ہے۔

۳۸. اور سورج اپنے مقررہ راستے پر چلتا رہتا ہے۔ یہ اللہ غالب اور دانا کا مقرر کیا ہوا اندازہ ہے۔

۳۹. اور چاند کی بھی ہم نے منزلیں مقرر کر دیں۔ یہاں تک کہ گھٹتے گھٹتے کھجور کی پرانی شاخ کی طرح ہو جاتا ہے۔

۴۰. نہ تو سورج ہی سے ہو سکتا ہے کہ چاند کو جا پکڑے اور نہ رات ہی دن سے پہلے آ سکتی ہے اور سب اپنے اپنے مدار میں گھوم رہے ہیں۔

۴۱. اور ایک نشانی ان کے لیے یہ ہے کہ ہم نے ان کی اولاد کو بھری ہوئی کشتی میں سوار کیا۔

۴۲. اور ان کے لیے ویسی ہی اور چیزیں پیدا کیں جن پر وہ سوار ہوتے ہیں (اور ہوں گے)

۴۳. اور اگر ہم چاہیں تو ان کو غرق کر دیں پھر نہ کوئی ان کی فریاد کو پہنچے اور نہ چھڑائے جائیں۔

۴۴. مگر یہ ہماری رحمت اور ایک مدت تک کے فائدے ہیں۔

۴۵۔ اور جب ان سے کہا جاتا ہے کہ تمہارے آگے اور جو تمہارے پیچھے ہے اس سے ڈرو تاکہ تم پر رحم کیا جائے۔

۴۶۔ اور ان کے پاس ان کے رب کی طرف سے کوئی نشانی نہیں آئی مگر اس سے منہ پھیر لیتے ہیں۔

۴۷۔ اور جب ان سے کہا جاتا ہے کہ جو رزق تم کو اللہ نے دیا ہے اس میں سے خرچ کرو تو کافر مومنوں سے کہتے ہیں کہ بھلا ہم ان لوگوں کو کھانا کھلائیں جن کو اگر اللہ چاہتا تو خود کھلا دیتا تم تو صریح غلطی میں ہو۔

۴۸۔ اور کہتے ہیں اگر تم سچ کہتے ہو تو یہ وعدہ کب پورا ہو گا؟

۴۹۔ یہ تو ایک چنگھاڑ کے منتظر ہیں جو ان کے اس حال میں باہم جھگڑ رہے ہوں گے آ پکڑے گی۔

۵۰۔ پھر نہ تو وصیت کر سکیں گے اور نہ اپنے گھر والوں میں واپس جا سکیں گے۔

۵۱۔ اور جس وقت صور پھونکا جائے گا یہ قبروں سے نکل کر اپنے رب کی طرف دوڑ پڑیں گے۔

۵۲۔ کہیں گے اے ہے ہمیں ہماری خواب گاہوں سے کس نے جگا اٹھایا؟ یہ وہی تو ہے جس کا اللہ نے وعدہ کیا تھا اور پیغمبروں نے سچ کہا تھا۔

۵۳. صرف ایک زور کی آواز کا ہونا ہوگا کہ سب کے سب ہمارے روبرو آحاضر ہوں گے۔

۵۴. اس روز کسی شخص پر کچھ بھی ظلم نہیں کیا جائے گا اور تم کو بدلہ ویسا ہی ملے گا جیسے تم کام کرتے تھے۔

۵۵. اہل جنت اس دن عیش و نشاط میں مشغول ہوں گے۔

۵۶. وہ بھی ان کی بیویاں بھی سایوں میں تختوں پر تکیے لگائے بیٹھے ہوں گے۔

۵۷. وہاں ان کے لیے میوے اور جو چاہیں گے موجود ہوگا۔

۵۸. رب مہربان کی طرف سے سلام کہا جائے گا۔

۵۹. اور گنہگارو! تم آج الگ ہو جاؤ۔

۶۰. اے آدم کی اولاد! ہم نے تم سے کہہ نہیں دیا تھا کہ شیطان کو نہ پوجنا وہ تمہارا کھلا دشمن ہے۔

۶۱. اور یہ کہ میری ہی عبادت کرنا یہی سیدھا راستہ ہے۔

۶۲. اور اس نے تم میں سے بہت سی خلقت کو گمراہ کر دیا تھا تو کیا تم سمجھتے نہیں تھے؟

۶۳. یہی وہ جہنم ہے جس کی تمہیں خبر دی جاتی تھی۔

۶۴. سو جو تم کفر کرتے رہے ہو اس کے بدلے آج اس میں داخل ہو جاؤ۔

۶۵.	آج ہم ان کے مونہوں پر مہر لگا دیں گے اور جو کچھ یہ کرتے رہے تھے ان کے ہاتھ ہم سے بیان کر دیں گے اور ان کے پاؤں اس کی گواہی دیں گے۔

۶۶.	اور اگر ہم چاہیں تو ان کی آنکھوں کو مٹا کر اندھا کر دیں پھر یہ رستے کو دوڑیں تو کیسے دیکھ سکیں گے۔

۶۷.	اور اگر ہم چاہیں تو ان کی جگہ پر ان کی صورتیں بدل دیں پھر وہاں سے نہ آگے جا سکیں اور نہ پیچھے لوٹ سکیں۔

۶۸.	اور جس کو ہم بڑی عمر دیتے ہیں اسے خلقت میں اوندھا کر دیتے ہیں تو کیا یہ سمجھتے نہیں۔

۶۹.	اور ہم نے اس پیغمبر کو شعر کہنا نہیں سکھایا اور نہ ہی یہ ان کے شایان ہے یہ تو صرف نصیحت اور صاف صاف حکمت والا قرآن ہے۔

۷۰.	تاکہ اس شخص کو جو زندہ ہو ہدایت کا رستہ دکھائے اور کفار پر بات پوری ہو جائے۔

۷۱.	کیا انہوں نے نہیں دیکھا کہ جو چیزیں ہم نے اپنی قوت سے بنائیں ان میں سے ہم نے ان کے لیے چارپائے پیدا کر دیے اور یہ ان کے مالک ہیں۔

۷۲.	اور ان کو ان کے قابو میں کر دیا تو کوئی تو ان میں سے ان کی سواری ہے اور کسی کو یہ کھاتے ہیں۔

۷۳۔ اور ان میں ان کے لیے فائدے اور پینے کی چیزیں ہیں تو کیا یہ شکر نہیں کرتے؟

۷۴۔ اور انہوں نے اللہ کے سوا دوسرے معبود بنا لیے ہیں کہ شاید ان سے ان کو مدد ملے۔

۷۵۔ مگر وہ ان کی مدد کی ہر گز طاقت نہیں رکھتے اور وہ ان کی فوج ہو کر حاضر کیے جائیں گے۔

۷۶۔ تو ان کی باتیں تمہیں غمناک نہ کر دیں یہ جو کچھ چھپاتے اور جو کچھ ظاہر کرتے ہیں ہمیں سب معلوم ہے۔

۷۷۔ کیا انسان نے نہیں دیکھا کہ ہم نے اس کو نطفے سے پیدا کیا پھر وہ صریح جھگڑنے والا ہو گیا۔

۷۸۔ اور ہمارے بارے میں مثالیں بیان کرنے لگا اور اپنی پیدائش کو بھول گیا کہنے لگا کہ جب ہڈیاں بوسیدہ ہو جائیں گی تو ان کو کون زندہ کرے گا۔

۷۹۔ فرما دیں کہ ان کو وہ زندہ کرے گا جس نے ان کو پہلی بار پیدا کیا تھا۔ اور وہ سب قسم کا پیدا کرنا جانتا ہے۔

۸۰۔ وہی جس نے تمہارے لیے سبز درخت سے آگ پیدا کی پھر تم اس کی ٹہنیوں کو رگڑ کر آگ نکالتے ہو۔

۸۱۔ بھلا جس نے آسمان وزمین کو پیدا کیا، کیا وہ اس بات پر قادر نہیں کہ ان کو وہ پھر ویسے ہی پیدا کر دے؟ کیوں نہیں اور وہ تو بڑا پیدا کرنے والا علم والا ہے۔

۸۲۔ اس کی شان یہ ہے کہ جب وہ کسی چیز کا ارادہ کرتا ہے تو اس سے فرمایا دیتا ہے کہ ہو جا تو وہ ہو جاتی ہے۔

۸۳۔ وہ پاک ذات ہے جس کے ہاتھ میں ہر چیز کی بادشاہت ہے اور اسی کی طرف تم کو لوٹ کر جانا ہے۔

۳۷۔ سورۃ الصافات

۱.   صف باندھ کر کھڑے ہونے والے (فرشتوں) کی قسم۔

۲.   پھر ڈانٹنے والوں

۳.   پھر پڑھنے والوں کی یاد کر کے

۴.   یقیناً تمہارا معبود ایک ہی ہے۔

۵.   آسمانوں اور زمین اور جو چیزیں ان میں ہیں سب کا مالک ہے اور سورج کے طلوع ہونے کے مقامات کا بھی مالک ہے۔

۶.   بیشک ہم ہی نے آسمان دنیا کو ستاروں کی زینت سے مزین کیا۔

۷.   اور ہر شیطان سرکش سے اس کی حفاظت کی۔

۸.   کہ اوپر کی مجلس کی طرف کان نہ لگا سکیں اور ہر طرف سے ان پر انگارے پھینکے جاتے ہیں۔

۹.   تاکہ وہ بھاگ کھڑے ہوں اور ان کے لیے دائمی عذاب ہے۔

۱۰۔ ہاں جو کوئی فرشتوں کی کسی بات کو چوری سے جھپٹ لینا چاہتا ہے تو جلتا ہوا انگارا اس کے پیچھے لگتا ہے۔

۱۱۔ تو ان سے پوچھو کہ ان کا بنانا مشکل ہے یا جتنی خلقت ہم نے بنائی ہے اس کا بنانا؟ انہیں ہم نے چپکتے گارے سے بنایا ہے۔

۱۲۔ ہاں آپ تو تعجب کرتے ہیں اور وہ تمسخر کرتے ہیں۔

۱۳۔ اور جب ان کو نصیحت کی جاتی ہے تو نصیحت قبول نہیں کرتے۔

۱۴۔ اور جب کوئی نشانی دیکھتے ہیں تو ٹھٹھے کرتے ہیں۔

۱۵۔ اور کہتے ہیں کہ یہ تو صریح جادو ہے۔

۱۶۔ بھلا جب ہم مر گئے اور مٹی و ہڈیاں ہو گئے تو کیا پھر اٹھائے جائیں گے؟

۱۷۔ اور کیا ہمارے باپ دادا بھی جو پہلے ہو گزرے ہیں؟

۱۸۔ کہہ دو کہ ہاں اور تم ذلیل ہو گے۔

۱۹۔ وہ تو ایک زور کی آواز ہو گی اور یہ اس وقت دیکھنے لگیں گے۔

۲۰۔ اور کہیں گے ہائے شامت یہی جزاء کا دن ہے۔

۲۱۔ (کہا جائے گا کہ ہاں) فیصلے کا دن جس کو تم جھوٹ سمجھتے تھے یہی ہے۔

۲۲. جو لوگ ظلم کرتے تھے ان کو اور ان کے ہم جنسوں کو اور جن کو وہ پوجا کرتے تھے سب کو جمع کر لو۔

۲۳. یعنی جن کو اللہ کے سوا پوجا کرتے تھے پھر ان کو جہنم کے رستے پر چلا دو۔

۲۴. اور ان کو ٹھہرائے رکھو کہ ان سے کچھ پوچھنا ہے۔

۲۵. تم کو کیا ہوا کہ ایک دوسرے کی مدد نہیں کرتے۔

۲۶. بلکہ آج تو وہ فرمانبردار ہیں۔

۲۷. اور ایک دوسرے کی طرف رخ کر کے سوال و جواب کریں گے۔

۲۸. کہیں گے کیا تم ہی ہمارے پاس دائیں (اور بائیں) سے آتے تھے۔

۲۹. وہ کہیں گے بلکہ تم ہی ایمان لانے والے نہ تھے۔

۳۰. اور ہمارا تم پر کچھ زور نہ تھا بلکہ تم سرکش لوگ تھے۔

۳۱. سو ہمارے بارے میں ہمارے رب کی بات پوری ہو گئی اب ہم مزے چکھیں گے۔

۳۲. ہم نے تم کو بھی گمراہ کیا اور ہم خود بھی گمراہ تھے۔

۳۳. پس وہ اس روز عذاب میں ایک دوسرے کے شریک ہوں گے۔

۳۴. ہم گنہگاروں کے ساتھ ایسا ہی کیا کرتے ہیں۔

۳۵۔ ان کا یہ حال تھا کہ جب ان سے کہا جاتا تھا کہ اللہ کے سوا کوئی معبود نہیں، تو غرور کرتے تھے۔

۳۶۔ اور کہتے تھے کہ بھلا ہم ایک دیوانے شاعر کے کہنے سے، کہیں اپنے معبودوں کو چھوڑ دینے والے ہیں۔

۳۷۔ نہیں بلکہ وہ حق لے کر آئے ہیں اور پہلے پیغمبروں کو سچا کہتے ہیں

۳۸۔ بیشک تم تکلیف دینے والے عذاب کا مزہ چکھنے والے ہو۔

۳۹۔ اور تم کو بدلہ ویسا ہی ملے گا جیسے تم عمل کرتے تھے۔

۴۰۔ مگر جو اللہ کے بندگان خاص ہیں۔

۴۱۔ یہی لوگ ہیں جن کے لیے روزی مقرر ہے

۴۲۔ میوے اور ان کی عزت کی جائے گی۔

۴۳۔ نعمت کے باغوں میں۔

۴۴۔ ایک دوسرے کے سامنے تختوں پر بیٹھے ہوں گے

۴۵۔ شراب لطیف کے جام کا ان میں دور چل رہا ہوگا

۴۶۔ جو رنگ کی سفید اور پینے والوں کے لیے سراسر لذت ہوگی۔

۴۷۔ نہ اس سے سر میں درد ہو اور نہ وہ اس سے مدہوش ہوں

۴۸. اوران کے پاس عورتیں ہوں گی جو نگاہیں نیچی رکھتی ہوں گی اور آنکھیں بڑی بڑی۔

۴۹. گویا وہ محفوظ انڈے ہیں

۵۰. پھر وہ ایک دوسرے کی طرف رخ کر کے سوال وجواب کریں گے۔

۵۱. ایک کہنے والاان میں سے کہے گا کہ میرا ایک ہم نشین تھا۔

۵۲. جو کہتا تھا کہ بھلا تم بھی ایسی باتوں پر یقین کرنے والوں میں ہو

۵۳. بھلا جب ہم مر گئے اور مٹی وہڈیاں ہو گئے تو کیا ہم کو بدلہ ملے گا۔

۵۴. پھر کہے گا کہ بھلا تم اس کو جھانک کر دیکھنا چاہتے ہو

۵۵. اتنے میں وہ خود جھانکے گا تو اس کو دوزخ کے درمیان میں دیکھے گا

۵۶. کہے گا کہ اللہ کی قسم تُو تو مجھے ہلاک ہی کر چکا ہوتا

۵۷. اور اگر میرے رب کی مہربانی نہ ہوتی تو میں بھی ان میں ہوتا جو عذاب میں ڈال دیئے گئے ہیں

۵۸. کیا یہ نہیں کہ آئندہ ہم کبھی مریں گے نہیں۔

۵۹. ہاں !جو پہلی بار مرنا تھا سو مر چکے اور ہمیں عذاب بھی نہیں ہونے کا

۶۰. بیشک یہ بڑی کامیابی ہے

٦١. ایسی ہی نعمتوں کے لیے عمل کرنے والوں کو عمل کرنا چاہیے۔

٦٢. بھلا مہمانی اچھی ہے یا تھوہر کا درخت

٦٣. ہم نے اس کو ظالموں کے لیے آزمائش بنا رکھا ہے

٦٤. وہ ایک درخت ہے کہ جو جہنم کی تہہ میں اگے گا۔

٦٥. اس کے خوشے ایسے ہوں گے جیسے شیطان کے سر

٦٦. سو وہ اسی میں سے کھائیں گے اور اسی سے پیٹ بھریں گے

٦٧. پھر اس کھانے کے ساتھ ان کو گرم پانی ملا کر دیا جائے گا

٦٨. پھر ان کو دوزخ کی طرف لوٹایا جائے گا

٦٩. انہوں نے اپنے باپ دادا کو گمراہ ہی پایا

٧٠. سو وہ انہی کے پیچھے دوڑے چلے جاتے ہیں۔

٧١. اور ان سے پیشتر بہت سے پہلے لوگ بھی گمراہ ہو گئے تھے

٧٢. اور ہم نے ان میں ڈرانے والے بھیجے

٧٣. سو دیکھ لو جن کو ڈرایا گیا تھا ان کا انجام کیسا ہوا؟

٧٤. ہاں اللہ کے خاص بندوں کا انجام بہت اچھا ہوا

٧٥. اور ہم کو نوحؑ نے پکارا سو دیکھ لو کہ ہم دعا کو کیسے اچھے قبول کرنے والے ہیں

۷۶. اور ہم نے ان کو اور ان کے گھر والوں کو بڑی مصیبت سے نجات دی

۷۷. اور ان کی اولاد کو ایسا کیا کہ وہی باقی رہ گئے

۷۸. اور پیچھے آنے والوں میں ان کا ذکر خیر باقی چھوڑ دیا

۷۹. تمام جہانوں میں کہ نوحؑ پر سلام

۸۰. نیکوکاروں کو ہم ایسا ہی بدلہ دیا کرتے ہیں

۸۱. بیشک وہ ہمارے مومن بندوں میں سے تھے

۸۲. پھر ہم نے دوسروں کو ڈبو دیا

۸۳. اور انہی کے پیروؤں میں ابراہیمؑ تھے

۸۴. جب وہ اپنے رب کے پاس عیب سے پاک دل لے کر آئے

۸۵. جب انہوں نے اپنے باپ اور اپنی قوم سے کہا کہ تم کن چیزوں کو پوجتے ہو؟

۸۶. کیوں جھوٹ بنا کر اللہ کے سوا اور معبودوں کے طلبگار ہو۔

۸۷. بھلا رب العالمین کے بارے میں تمہارا کیا خیال ہے؟

۸۸. تب انہوں نے ستاروں کی طرف ایک نظر کی

۸۹. اور کہا میں تو بیمار ہوں۔

۹۰. تب وہ ان سے پیٹھ پھیر کر لوٹ گئے

۹۱. پھر ابراہیمؑ ان کے معبودوں کی طرف متوجہ ہوئے اور کہنے لگے کہ تم کھاتے کیوں نہیں؟

۹۲. تمہیں کیا ہوا ہے تم بولتے کیوں نہیں؟

۹۳. پھر ان کو داہنے ہاتھ سے مارنا اور توڑنا شروع کیا۔

۹۴. تو وہ لوگ ان کے پاس دوڑے ہوئے آئے۔

۹۵. انہوں نے کہا تم ایسی چیزوں کو کیوں پوجتے ہو جن کو خود بناتے ہو۔

۹۶. حالانکہ تم کو اور جو تم بناتے ہو اس کو اللہ ہی نے پیدا کیا ہے؟

۹۷. وہ کہنے لگے اس کے لیے ایک الاؤ تیار کرو پھر آگ کے ڈھیر میں اس کو ڈال دو

۹۸. غرض انہوں نے ان کے ساتھ ایک چال چلنی چاہی اور ہم نے انہی کو زیر کر دیا۔

۹۹. اور ابراہیمؑ بولے کہ میں اپنے رب کی طرف جانے والا ہوں وہ مجھے رستہ دکھائے گا

۱۰۰. اے اللہ! مجھے اولاد عطا فرما جو سعادت مندوں میں سے ہو۔

۱۰۱. تو ہم نے ان کو ایک نرم دل لڑکے کی خوشخبری دی

۱۰۲. جب وہ ان کے ساتھ دوڑنے کی عمر کو پہنچا تو ابراہیمؑ نے کہا کہ بیٹا میں خواب میں دیکھتا ہوں کہ تم کو گویا ذبح کر رہا ہوں تو تم سوچو کہ تمہارا کیا خیال ہے؟ انہوں نے کہا کہ ابا جان! جو آپ کو حکم ہوا ہے وہی کیجئے، اللہ نے چاہا تو آپ مجھے صابروں میں پائیں گے

۱۰۳۔ جب دونوں نے حکم مان لیا باپ نے بیٹے کو ماتھے کے بل لٹا دیا۔

۱۰۴۔ تو ہم نے ان کو پکارا کہ اے ابراہیمؑ!

۱۰۵۔ تو نے خواب کو سچا کر دکھایا ہم نیکو کاروں کو ایسا ہی بدلہ دیا کرتے ہیں

۱۰۶۔ بلاشبہ یہ صریح آزمائش تھی

۱۰۷۔ اور ہم نے ایک بڑی قربانی کو ان کا فدیہ بنایا

۱۰۸۔ اور پیچھے آنے والوں میں (ابراہیمؑ کا ذکر خیر) باقی چھوڑ دیا۔

۱۰۹۔ ابراہیمؑ پر سلام ہو

۱۱۰۔ نیکو کاروں کو ہم ایسا ہی بدلہ دیا کرتے ہیں

۱۱۱۔ بیشک وہ ہمارے مومن بندوں میں سے تھے

۱۱۲۔ اور ہم نے ان کو اسحاقؑ کی بشارت بھی دی کہ وہ نبی اور نیکو کاروں میں سے ہوں گے

۱۱۳۔ اور ہم نے ان پر اور اسحاقؑ پر برکتیں نازل کی تھیں اور ان دونوں کی اولاد میں سے نیکو کار بھی ہیں اور اپنے آپ پر صریح ظلم کرنے والے (گنہگار) بھی ہیں

۱۱۴۔ اور ہم نے موسیٰؑ اور ہارونؑ پر بھی احسان کیے

۱۱۵۔ ان کو اور ان کی قوم کو بڑی مصیبت سے نجات بخشی۔

١١٦.　اوران کی مدد کی تو وہ غالب ہو گئے

١١٧.　اوران دونوں کو واضح کتاب دی

١١٨.　اوران کو سیدھا رستہ دکھایا

١١٩.　اور پیچھے آنے والوں میں ان کا ذکر باقی رکھا۔

١٢٠.　کہ موسیٰؑ اور ہارونؑ پر سلام

١٢١.　بیشک ہم نیکو کاروں کو ایسا ہی بدلہ دیا کرتے ہیں۔

١٢٢.　وہ دونوں ہمارے مومن بندوں میں سے تھے۔

١٢٣.　اورالیاس بھی پیغمبروں میں سے تھے۔

١٢٤.　جب انہوں نے اپنی قوم سے کہا کہ تم ڈرتے کیوں نہیں ؟

١٢٥.　کیا تم بعل کو پکارتے اور اسے پوچھتے ہو اور سب سے بہتر پیدا کرنے والے کو چھوڑ دیتے ہو

١٢٦.　اللہ کو جو تمہارا اور تمہارے باپ دادا کا رب ہے

١٢٧.　توان لوگوں نے اسے جھٹلایا سو وہ (عذاب کے لیے) حاضر کیے جائیں گے

١٢٨.　ہاں اللہ کے خاص بندے عذاب میں مبتلا نہیں ہوں گے

١٢٩.　)اوران کا ذکر خیر پچھلوں میں باقی چھوڑ دیا

۱۳۰.   کہ الیاسین پر سلام۔

۱۳۱.   ہم نیک لوگوں کو ایسا ہی بدلہ دیا کرتے ہیں۔

۱۳۲.   بیشک وہ ہمارے مومن بندوں میں سے تھے

۱۳۳.   اور لوطؑ بھی پیغمبروں میں سے تھے۔

۱۳۴.   جب ہم نے ان کو اور ان کے سب گھر والوں کو عذاب سے نجات دی۔

۱۳۵.   مگر ایک بڑھیا کہ پیچھے رہ جانے والوں میں تھی۔

۱۳۶.   پھر ہم نے دوسروں کو جڑ سے اکھاڑ پھینکا۔

۱۳۷.   اور تم دن کو بھی ان کی بستیوں کے پاس سے گزرتے رہتے ہو۔

۱۳۸.   اور رات کو بھی اور کیا تم عقل نہیں رکھتے؟

۱۳۹.   اور یونسؑ بھی رسولوں میں سے تھے

۱۴۰.   جب بھاگ کر بھری ہوئی کشتی میں پہنچے

۱۴۱.   اس وقت قرعہ ڈالا تو انہوں نے زک اٹھائی۔

۱۴۲.   پھر مچھلی نے ان کو نگل لیا اور وہ قابل ملامت تھے

۱۴۳.   پھر اگر وہ اللہ کی پاکی بیان نہ کرتے۔

۱۴۴.   تو اس روز تک کہ لوگ دوبارہ زندہ کیے جائیں گے اسی کے پیٹ میں رہتے۔

۱۴۵۔ پھر ہم نے ان کو جب کہ وہ بیمار تھے کھلے میدان میں ڈال دیا

۱۴۶۔ اور ان پر کدو کی بیل کا درخت اگایا

۱۴۷۔ اور ان کو لاکھ یا اس سے زیادہ لوگوں کی طرف پیغمبر بنا کر بھیجا۔

۱۴۸۔ تو وہ ایمان لے آئے سو ہم بھی دنیا میں ایک وقت مقرر تک فائدے دیتے رہے۔

۱۴۹۔ ان سے پوچھو تو بھلا تمہارے رب کے لیے بیٹیاں اور ان کے لیے بیٹے۔

۱۵۰۔ یا ہم نے فرشتوں کو عورتیں بنایا اور وہ اس وقت موجود تھے۔

۱۵۱۔ دیکھو یہ اپنی جھوٹ بنائی ہوئی بات کہتے ہیں

۱۵۲۔ کہ اللہ کے اولاد ہے کچھ شک نہیں کہ یہ جھوٹے ہیں

۱۵۳۔ کیا اس نے بیٹوں کی نسبت بیٹیوں کو پسند کیا؟

۱۵۴۔ تم کیسے لوگ ہو کس طرح کا فیصلہ کرتے ہو۔

۱۵۵۔ بھلا تم غور کیوں نہیں کرتے

۱۵۶۔ یا تمہارے پاس کوئی صریح دلیل ہے۔

۱۵۷۔ اگر تم سچے ہو تو اپنی کتاب پیش کرو

۱۵۸۔ اور انہوں نے اللہ اور جنوں میں رشتہ قائم کیا حالانکہ جن جانتے ہیں کہ وہ اللہ کے سامنے حاضر کیے جائیں گے۔

۱۵۹۔ یہ جو کچھ بیان کرتے ہیں اللہ اس سے پاک ہے۔

۱۶۰۔ مگر اللہ کے نیک بندے عذاب میں نہیں ڈالے جائیں گے۔

۱۶۱۔ سو تم اور جن کو تم پوجتے ہو

۱۶۲۔ اللہ کے خلاف بہکا نہیں سکتے۔

۱۶۳۔ مگر اس کو جو جہنم میں جانے والا ہے۔

۱۶۴۔ (اور فرشتے کہتے ہیں کہ) ہم میں سے ہر ایک کا ایک مقام مقرر ہے۔

۱۶۵۔ اور بیشک ہم صف باندھے رہتے ہیں۔

۱۶۶۔ اور بیشک ہم تسبیح کرتے رہتے ہیں۔

۱۶۷۔ اور یہ لوگ کہا کرتے تھے۔

۱۶۸۔ اگر ہمارے پاس اگلوں کی کوئی نصیحت کی کتاب ہوتی

۱۶۹۔ تو ہم اللہ کے خالص بندے ہوتے۔

۱۷۰۔ لیکن اب اس سے کفر کرتے ہیں سو عنقریب وہ جان لیں گے۔

۱۷۱۔ اور ہمارے بندے جو رسول ہیں ان کے بارے میں پہلے ہی حکم صادر ہو چکا ہے

۱۷۲۔ کہ یقیناً ان کی مدد کی جائے گی

۱۷۳۔ اور ہمارا لشکر غالب رہے گا

۱۷۴۔ آپ ایک وقت تک ان سے اعراض کیے رہو۔

۱۷۵۔ اور انہیں دیکھتے رہو وہ بھی عنقریب (کفر کا انجام) دیکھ لیں گے

۱۷۶۔ کیا یہ ہمارے عذاب کے لیے جلدی کر رہے ہیں

۱۷۷۔ مگر جب وہ ان کے آنگنوں میں اتریگا تو جن کو ڈر سنایا گیا تھا ان کے لیے یہ صبح بڑی بری ہوگی۔

۱۷۸۔ اور ایک وقت تک ان سے منہ پھیرے رہو۔

۱۷۹۔ اور دیکھتے رہو یہ بھی عنقریب (نتیجہ) دیکھ لیں گے

۱۸۰۔ یہ جو کچھ بیان کرتے ہیں تمہارا رب جو عزت والا ہے اس سے پاک ہے

۱۸۱۔ اور پیغمبروں پر سلام۔

۱۸۲۔ سب طرح کی تعریف اللہ رب العالمین کے لیے ہی ہے

۳۸۔ سورۃ صٓ

۱. ص قسم ہے قرآن کی جو نصیحت دینے والا ہے (کہ تم حق پر ہو)

۲. مگر جو لوگ کافر ہیں وہ غرور اور مخالفت میں ہیں

۳. ہم نے ان سے پہلے بہت سی امتوں کو ہلاک کر دیا (تو وہ عذاب کے وقت) لگے فریاد کرنے اور وہ رہائی کا وقت نہیں تھا

۴. اور انہوں نے تعجب کیا کہ ان کے پاس انہی میں سے ہدایت کرنے والا آیا اور کافر کہنے لگے یہ تو جادو گر ہے جھوٹا

۵. کیا اس نے اتنے معبودوں کی جگہ ایک ہی معبود بنا دیا؟ یہ تو بڑی عجیب بات ہے

۶. تو ان میں جو معزز تھے وہ چل کھڑے ہوئے اور بولے کہ چلو اور اپنے معبودوں کی پوجا پر قائم رہو، بیشک یہ ایسی بات ہے، جس سے (تم پر کوئی فضیلت) مقصود ہے (یعنی بیشک اس بات میں کوئی غرض ہے)

۷. یہ پچھلے مذاہب میں ہم نے کبھی نہیں سنا، یہ بالکل بنائی ہوئی بات ہے۔

۸.	کیا ہم سب میں سے اسی پر نصیحت کی کتاب اتری ہے نہیں بلکہ یہ میری نصیحت کی کتاب سے شک میں ہیں۔ بلکہ انہوں نے ابھی میرے عذاب کا مزہ نہیں چکھا۔

۹.	کیا ان کے پاس تمہارے رب کی رحمت کے خزانے ہیں جو غالب اور بہت عطا کرنے والا ہے۔

۱۰.	یا آسمانوں اور زمین اور جو کچھ ان میں ہے، ان سب پر انہی کی حکومت ہے تو چاہیے کہ رسیاں تان کر آسمانوں پر چڑھ جائیں۔

۱۱.	یہاں شکست کھائے ہوئے گروہوں میں سے یہ بھی ایک لشکر ہے۔

۱۲.	ان سے پہلے نوحؑ کی قوم، عاد اور میخوں والا فرعون اور اس کی قوم کے لوگ بھی جھٹلائے جا چکے ہیں۔

۱۳.	ثمود اور لوطؑ کی قوم اور بن کے رہنے والے بھی۔ یہی وہ گروہ ہیں۔

۱۴.	ان سب نے پیغمبروں کو جھٹلایا تو میرا عذاب ان پر آ واقع ہوا۔

۱۵.	اور یہ لوگ تو صرف ایک زور کی آواز کا جو مسلسل ہوگی انتظار کرتے ہیں۔

۱۶.	اور کہتے ہیں کہ اے ہمارے رب! ہم کو ہمارا حصہ حساب کے دن سے پہلے ہی دے دے

۱۷.	اے پیغمبر! یہ جو کچھ کہتے ہیں اس پر صبر کرو۔ اور ہمارے بندے داوٴدؑ کو یاد کرو جو مضبوط تھے اور بیشک وہ رجوع کرنے والے تھے۔

۱۸. ہم نے پہاڑوں کو ان کے زیر فرماں کر دیا تھا کہ صبح و شام ان کے ساتھ اللہ سبحانہ تعالیٰ کا ذکر کرتے تھے۔

۱۹. اور پرندوں کو بھی کہ جمع رہتے تھے اور سب ان کے فرمانبردار تھے

۲۰. اور ہم نے ان کی بادشاہی کو مستحکم کیا اور ان کو حکمت عطا فرمائی اور ان کو خصوصیت کی بات کا فیصلہ سکھایا۔

۲۱. بھلا تمہارے پاس ان جھگڑنے والوں کی بھی خبر آئی ہے؟ جب وہ دیوار پھاند کر اندر داخل ہوئے

۲۲. جب وہ داؤدؑ کے پاس آئے تو وہ ان سے گھبرا گئے انہوں نے کہا خوف نہ کیجئے ہم دونوں کا ایک مقدمہ ہے کہ ہم میں سے ایک نے دوسرے پر زیادتی کی ہے تو آپ ہم میں انصاف سے فیصلہ کر دیجئے اور بے انصافی نہ کیجئے اور ہم کو سیدھا راستہ دکھا دیجئے

۲۳. بات یہ ہے کہ یہ میرا بھائی ہے اس کے پاس ننانوے دنبیاں ہیں اور میرے پاس ایک دنبی ہے یہ کہتا ہے کہ یہ بھی میرے حوالے کر دے اور بات چیت میں مجھ پر زبردستی کرتا ہے

۲۴. انہوں نے کہا یہ جو تیری دنبی مانگتا ہے کہ اپنی دنبیوں میں ملا لے بیشک تم پر ظلم کرتا ہے اور اکثر شریک ایک دوسرے پر زیادتی ہی کرتے ہیں، ہاں جو ایمان لائے اور نیک عمل کرتے رہے اور ایسے لوگ بہت کم ہیں اور داؤدؑ نے خیال کیا کہ (اس واقعہ) سے ہم

نے ان کو آزمایا ہے تو انہوں نے اپنے رب سے مغفرت مانگی اور جھک کر گر پڑے اور اللہ کی طرف رجوع کیا۔

۲۵. تو ہم نے ان کو بخش دیا اور بیشک ان کے لیے ہمارے ہاں قرب اور عمدہ مقام ہے

۲۶. اور داوٗدؑ ہم نے تم کو زمین میں بادشاہ بنایا ہے تو لوگوں میں انصاف کے فیصلے کیا کرو اور خواہش کی پیروی نہ کرنا کہ وہ تمہیں اللہ کی راہ سے بھٹکا دے گی جو لوگ اللہ کی راہ سے بھٹکتے ہیں ان کے لیے سخت عذاب تیار ہے کہ انہوں نے حساب کے دن کو بھلا دیا۔

۲۷. اور ہم نے آسمانوں اور زمین کو اور جو کائنات میں ہے اس کو بے مقصد پیدا نہیں کیا۔ یہ ان کا گمان ہے جو کافر ہیں سو کافروں کے لیے دوزخ کی آگ سے ہلاکت ہے

۲۸. جو لوگ ایمان لائے اور نیک عمل کرتے رہے کیا ان کو ہم ان کی طرح کر دیں گے جو ملک میں فساد کرتے ہیں یا پرہیزگاروں کو بدکاروں کی طرح کر دیں گے

۲۹. یہ کتاب جو ہم نے تم پر نازل کی ہے بابرکت ہے تاکہ لوگ اس کی آیتوں میں غور کریں اور تاکہ اہل عقل نصیحت پکڑیں

۳۰. اور ہم نے داوٗدؑ کو سلیمانؑ عطا کئے بہت خوب بندے تھے اور وہ اللہ کی طرف رجوع کرنے والے تھے۔

۳۱.	شام کو جب ان کے سامنے بہت اچھے گھوڑے لائے گئے (الصفنات یعنی ایسے گھوڑے جو تین قدموں پر کھڑے ہوتے ہوں اور چوتھے قدم کے سم کا کنارہ زمین پر ٹیکتے ہوں)۔

۳۲.	تو کہنے لگے میں نے دوست رکھا مال کی محبت کو اپنے رب سے محبت (کی وجہ) سے، پھر انہیں چلانے کا حکم دیا یہاں تک کہ آنکھوں سے اوجھل ہو گئے۔

۳۳.	(حکم دیا) کہ انہیں واپس لاؤ میرے پاس تو ہاتھ پھیرنے لگے ان کی پنڈلیوں اور گردنوں پر۔

۳۴.	اور بیشک ہم نے سلیمانؑ کو آزمایا کہ ہم نے اس کے تخت پر ایک دھڑ ڈال دیا پھر انہوں نے اللہ کی طرف توجہ کی۔

۳۵.	اور یوں دعا کی کہ اے میرے رب! میری مغفرت کر دے اور مجھے ایسی بادشاہی عطا کر کہ میرے بعد کسی کے شایان شان نہ ہو بیشک تو بہت زیادہ عطا کرنے والا ہے

۳۶.	پھر ہم نے ہوا کو ان کے زیر فرمان کر دیا کہ جہاں وہ پہنچنا چاہتے نرم نرم چلنے لگتی ان کے حکم کے مطابق۔

۳۷.	اور سب جن بھی ماتحت کر دیے کوئی معمار اور کوئی غوطہ خور۔

۳۸.	اور ان کے علاوہ (جو سرکش تھے) باندھ دیئے گئے زنجیروں میں۔

۳۹.   (اے سلیمانؑ!) یہ ہماری بخشش ہے چاہو تو احسان کرو چاہو تو رکھ چھوڑو، تم سے کوئی حساب نہ ہوگا۔

۴۰.   بیشک ان کو ہمارے ہاں بڑا قرب حاصل ہے اور خوبصورت انجام

۴۱.   اور ہمارے بندے ایوبؑ کو یاد کرو جب انہوں نے اپنے رب کو پکارا کہ یارب العالمین شیطان نے مجھے ایذا اور تکلیف دے رکھی ہے۔

۴۲.   ہم نے کہا زمین پر لات مارو دیکھو یہ چشمہ نکل آیا نہانے کو ٹھنڈا اور پینے کو شیریں۔

۴۳.   اور ہم نے ان کو اہل و عیال اور ان کے ساتھ ان کے برابر اور بھی بخشے یہ ہماری طرف سے رحمت اور عقل والوں کے لیے نصیحت ہے۔

۴۴.   اپنے ہاتھ میں (جھاڑو) تنکوں کا مٹھا لو اور اس سے مارو اور قسم نہ توڑو، بیشک ہم نے ان کو ثابت قدم پایا، بہت خوب بندے تھے اور وہ رجوع کرنے والے تھے۔

۴۵.   اور ہمارے بندے ابراہیمؑ، اسحاقؑ اور یعقوبؑ کو یاد کرو جو قوت والے اور صاحب نظر تھے

۴۶.   ہم نے ان کو ایک خاص صفت (یعنی آخرت کے) گھر کی یاد سے ممتاز کیا تھا۔

۴۷.   اور وہ ہمارے نزدیک منتخب اور نیک لوگ تھے۔

۴۸.   اور اسمٰعیل، الیسع اور ذوالکفل کو یاد کرو وہ سب نیک لوگوں میں سے تھے۔

۴۹. یہ نصیحت ہے اور پرہیزگاروں کے لیے تو عمدہ مقام ہے ۔

۵۰. ہمیشہ رہنے کے باغ جن کے دروازے ان کے لیے ہمیشہ کھلے ہوں گے ۔

۵۱. اس میں تکیے لگائے بیٹھے ہوں گے اور کھانے پینے کے لیے بہت سے میوے اور شراب منگاتے رہیں گے ۔

۵۲. اور ان کے پاس نیچی نگاہ رکھنے والی اور ہم عمر عورتیں ہوں گی ۔

۵۳. یہ وہ چیزیں ہیں جن کا حساب کے دن کے لیے تم سے وعدہ کیا جاتا تھا

۵۴. یہ ہمارا رزق ہے جو کبھی ختم نہیں ہوگا

۵۵. یہ (نعمتیں تو فرمانبرداروں کے لیے) اور سرکشوں کے لیے برا ٹھکانا ہے ۔

۵۶. دوزخ جس میں وہ داخل ہوں گے اور وہ بری آرام گاہ ہے

۵۷. یہ کھولتا ہوا گرم پانی اور پیپ ہے ، اب اس کے مزے چکھیں

۵۸. اور اسی طرح کے اور بہت سے عذاب ہوں گے

۵۹. یہ ایک فوج ہے جو تمہارے ساتھ داخل ہوگی کوئی خوش آمدید نہیں انہیں یہ ضرور آگ تاپنے والے ہیں

۶۰. وہ کہیں گے تمہیں کوئی خوش آمدید نہ ہو تم نے ہی آگے کیا اس عذاب کو ہمارے لیے سو بہت برا ٹھکانا ہے ۔

۶۱۔ کہیں گے اے ہمارے رب! جس نے آگے کیا ہے ہمارے لیے یہ عذاب اس کے لیے آگ میں دوگنا عذاب بڑھا دے۔

۶۲۔ اور کہیں گے کیا وجہ ہے کہ ہمیں نظر نہیں آ رہے وہ لوگ جنہیں ہم برے لوگوں میں شمار کرتے تھے۔

۶۳۔ ہم جن کا تمسخر اڑایا کرتے تھے یا ہماری آنکھیں ان کی طرف سے پھر گئی ہیں۔

۶۴۔ بیشک یہ اہل دوزخ کا جھگڑنا برحق ہے۔

۶۵۔ کہہ دو کہ میں تو صرف ہدایت کرنے والا ہوں، خدائے واحد اور غالب کے سوا کوئی معبود نہیں۔

۶۶۔ جو آسمانوں اور زمین اور جو مخلوق ان میں ہے سب کا مالک ہے۔ غالب اور بخشنے والا ہے۔

۶۷۔ کہہ دو کہ یہ ایک (بڑی ہولناک) چیز کی خبر ہے۔

۶۸۔ جس کو تم دھیان میں نہیں لاتے۔

۶۹۔ مجھے اوپر کی مجلس والوں کا جب وہ جھگڑتے تھے کچھ بھی علم نہ تھا

۷۰۔ میری طرف صرف یہی وحی کی جاتی ہے کہ میں کھلم کھلا ہدایت کرنے والا ہوں

۷۱۔ جب تمہارے رب نے فرشتوں سے کہا کہ میں مٹی سے انسان بنانے والا ہوں۔

۷۲. جب اس کو درست کرلوں اور اس میں اپنی روح پھونک دوں تو اس کے آگے سجدے میں گر پڑنا

۷۳. تو تمام فرشتوں نے سجدہ کیا

۷۴. مگر شیطان اکڑ بیٹھا اور کافروں میں ہو گیا

۷۵. (اللہ نے) فرمایا کہ اے ابلیس! جس شخص کو میں نے اپنے ہاتھوں سے بنایا اس کے آگے سجدہ کرنے سے تمہیں کس چیز نے روکا؟ کیا تو غرور میں آ گیا یا اونچے درجے والوں میں تھا؟

۷۶. بولا کہ میں اس سے بہتر ہوں کہ تو نے مجھ کو آگ سے پیدا کیا اور اسے مٹی سے بنایا

۷۷. کہا یہاں سے نکل جا تو مردود ہے

۷۸. اور تجھ پر قیامت کے دن تک میری لعنت پڑتی رہے گی

۷۹. کہنے لگا کہ میرے رب مجھے اس روز تک کہ لوگ اٹھائے جائیں (قیامت آئے) مہلت دے۔

۸۰. کہا تجھے مہلت دی جاتی ہے۔

۸۱. اس روز تک جس کا وقت مقرر ہے

۸۲. کہنے لگا کہ مجھے تیری عزت کی قسم میں ان سب کو بہکاتا رہوں گا

۸۳. سوائے ان کے جو تیرے خالص بندے ہیں۔

۸۴.   کہا سچ ہے اور میں بھی سچ کہتا ہوں۔

۸۵.   کہ میں تجھ سے اور جو ان میں سے تیری پیروی کریں گے سب سے جہنم کو بھر دوں گا۔

۸۶.   اے پیغمبر ﷺ کہہ دو کہ میں تم سے اس کا صلہ نہیں مانگتا اور نہ میں بناوٹ کرنے والوں میں ہوں۔

۸۷.   یہ قرآن تو اہل عالم کے لیے نصیحت ہے۔

۸۸.   اور تم کو اس کا حال ایک وقت کے بعد معلوم ہو جائے گا۔

۳۹۔ سورۃ الزمر

۱۔ اس کتاب کا اتارا جانا اللہ غالب اور حکمت والے کی طرف سے ہے

۲۔ (اے پیغمبر صلی اللہ علیہ وآلہ وسلم!) ہم نے یہ کتاب تمہاری طرف سچائی کے ساتھ نازل کی ہے تو اللہ کی عبادت کرو، اس کی عبادت کو شرک سے پاک کر کے۔

۳۔ دیکھو خالص عبادت اللہ ہی کیلئے مخصوص ہے اور جن لوگوں نے اس کے سوا دوست بنائے ہیں وہ کہتے ہیں کہ ہم ان کو اس لیے پوجتے ہیں کہ ہم کو اللہ کے مقرب بنا دیں تو جن باتوں میں یہ اختلاف کرتے ہیں اللہ ان میں ان کا فیصلہ کر دے گا بیشک اللہ اس کو جو جھوٹا اور ناشکرا ہے ہدایت نہیں دیتا۔

۴۔ اگر اللہ کسی کو اپنا بیٹا بنانا چاہتا تو اپنی مخلوق میں سے جس کو چاہتا انتخاب کر لیتا۔ وہ پاک ہے وہی تو واحد اور غالب ہے۔

۵۔ اسی نے آسمانوں اور زمین کو حق کے ساتھ پیدا کیا ہے۔ اور وہی رات کو دن میں لپیٹتا اور وہی دن کو رات پر لپیٹتا ہے اور اسی نے سورج اور چاند کو مسخر کر دیا ہے سب ایک وقت مقرر تک چلتے رہیں گے دیکھو وہی غالب اور بخشنے والا ہے۔

۶. اسی نے تم کو ایک شخص سے پیدا کیا پھر اس سے اس کا جوڑا بنایا اور اسی نے تمہارے لیے چارپایوں میں سے آٹھ جوڑے بنائے وہی تم کو تمہاری ماؤں کے پیٹ میں پہلے ایک طرح پھر دوسری طرح تین اندھیروں میں بناتا ہے یہی اللہ تمہارا رب ہے اسی کی بادشاہی ہے۔ اس کے سوا کوئی معبود نہیں پھر تم کہاں پھرے جاتے ہو۔

۷. اگر ناشکری کرو گے تو اللہ تم سے بے پرواہ ہے اور وہ اپنے بندوں کیلیئے ناشکری پسند نہیں کرتا اور اگر شکر کرو گے تو وہ اس کو تمہارے لیے پسند کرے گا اور کوئی کسی کا بوجھ نہیں اٹھائے گا پھر تم کو اپنے رب کی طرف لوٹنا ہے پھر جو کچھ تم کرتے رہے وہ تم کو بتائے گا وہ تو دلوں کی پوشیدہ باتوں تک سے آگاہ ہے۔

۸. اور جب انسان کو تکلیف پہنچتی ہے تو اپنے رب کو پکارتا اور اس کی طرف دل سے رجوع کرتا ہے پھر جب وہ اس کو اپنی طرف سے کوئی نعمت دیتا ہے تو جس کام کیلیئے اس کو پہلے پکارتا ہے اس کو بھول جاتا ہے اور اللہ کا شریک بنانے لگتا ہے تاکہ لوگوں کو اس کے راستے سے گمراہ کرے۔ کہہ دو کہ اے کافر نعمت اپنی ناشکری سے تھوڑا سا فائدہ اٹھالے پھر تو تو دوزخیوں میں ہوگا

۹. (بھلا مشرک اچھا ہے یا وہ) جو رات کے وقتوں میں زمین پر پیشانی رکھ کر اور کھڑے ہو کر عبادت کرتا آخرت سے ڈرتا اور اپنے رب کی رحمت کی امید رکھتا ہے۔ کہو بھلا جو لوگ علم رکھتے ہیں اور جو نہیں رکھتے دونوں برابر ہو سکتے ہیں اور نصیحت تو وہی پکڑتے ہیں جو عقلمند ہیں۔

۱۰.	کہہ دو کہ اے میرے بندو! جو ایمان لائے ہو اپنے رب سے ڈرو۔ جنہوں نے اس دنیا میں نیکی کی ان کیلیئے بھلائی ہے اور اللہ کی زمین کشادہ ہے جو صبر کرنے والے ہیں ان کو بیشمار ثواب ملے گا

۱۱.	کہہ دو کہ مجھ کو ارشاد ہوا ہے کہ اللہ کی عبادت کو خالص کر کے اس کی بندگی کروں۔

۱۲.	اور یہ بھی ارشاد ہوا ہے کہ میں سب سے اول مسلمان بنوں

۱۳.	کہہ دو کہ اگر میں اپنے رب کا حکم نہ مانوں تو مجھے بڑے دن کے عذاب سے ڈر لگتا ہے

۱۴.	کہہ دو کہ میں اپنے دین کو شرک سے خالص کر کے اس کی عبادت کرتا ہوں

۱۵.	تو تم اس کے سوا جس کی چاہو عبادت کرو کہہ دو کہ نقصان اٹھانے والے وہی لوگ ہیں جنہوں نے قیامت کے دن اپنے آپ کو اور اپنے گھر والوں کو نقصان میں ڈالا دیکھو یہی صریح نقصان ہے۔

۱۶.	ان کے اوپر تو آگ کے سائبان ہوں گے اور نیچے اس کے فرش ہوں گے (آگ کے) یہ وہ عذاب ہے جس سے اللہ اپنے بندوں کو ڈراتا ہے تو اے میرے بندو! مجھ سے ڈرتے رہو

۱۷.	اور جنہوں نے اس سے اجتناب کیا کہ بتوں کو پوجیں اور اللہ کی طرف رجوع کیا ان کیلیئے بشارت ہے تو میرے بندوں کو بشارت سنا دو۔

۱۸. جو بات کو سنتے اور اچھی باتوں کی پیروی کرتے ہیں یہی وہ لوگ ہیں جن کو اللہ نے ہدایت دی اور یہی لوگ عقل والے ہیں۔

۱۹. بھلا جس شخص پر عذاب کا حکم صادر ہو چکا تو کیا تم ایسے دوزخی کو مخلصی (چھٹکارا) دے سکو گے؟

۲۰. لیکن جو لوگ اپنے رب سے ڈرتے ہیں ان کیلئے اونچے اونچے محل ہیں جن کے اوپر بالاخانے بنے ہوئے ہیں اور ان کے نیچے نہریں بہہ رہی ہیں یہ اللہ کا وعدہ ہے اللہ وعدے کے خلاف نہیں کرتا۔

۲۱. کیا تم نے نہیں دیکھا کہ اللہ آسمان سے پانی نازل کرتا ہے پھر اس کو زمین میں چشمے بنا کر جاری کرتا ہے پھر اس سے کھیتی اگاتا ہے جس کے طرح طرح کے رنگ ہوتے ہیں پھر وہ خشک ہو جاتی ہے تو تم اس کو دیکھتے ہو کہ زرد ہو گئی ہے پھر اسے چورا چورا کر دیتا ہے بیشک اس میں عقل والوں کیلئے نصیحت ہے۔

۲۲. بھلا جس شخص کا سینہ اللہ نے اسلام کیلئے کھول دیا ہو اور وہ اپنے رب کی طرف سے روشنی پر ہو تو کیا وہ سخت دل کافر کی طرح ہو سکتا ہے؟ پس ان پر افسوس ہے جن کے دل اللہ کی یاد سے سخت ہو رہے ہیں اور یہی لوگ صریح گمراہی میں ہیں۔

۲۳. اللہ نے نہایت اچھی باتیں نازل فرمائی ہیں یعنی کتاب جس کی آیات باہم ملتی جلتی ہیں اور دہرائی جاتی ہیں۔ جو لوگ اپنے ربِ سے ڈرتے ہیں ان کے بدن کے رونگٹے ان سے

کھڑے ہوجاتے ہیں پھر ان کے بدن اور دل نرم ہوکر اللہ کی یاد کی طرف متوجہ ہوجاتے ہیں یہی اللہ کی ہدایت ہے وہ اس سے جس کو چاہتا ہے ہدایت دیتا ہے اور جس کو اللہ گمراہ کرے اس کو کوئی ہدایت دینے والا نہیں۔

۲۴. بھلا جو شخص قیامت کے دن اپنے منہ سے برے عذاب کو روکتا ہے اور ظالموں سے کہا جائے گا جو کچھ تم کرتے رہے تھے اس کا مزہ چکھو۔

۲۵. جو لوگ ان سے پہلے تھے انہوں نے بھی تکذیب کی تھی (جھٹلایا تھا) تو ان پر عذاب ایسی جگہ سے آگیا کہ ان کو خبر ہی نہ تھی۔

۲۶. پھر ان کو اللہ نے دنیا کی زندگی میں رسوائی کا مزہ چکھا دیا اور آخرت کا عذاب تو بہت بڑا ہے کاش یہ سمجھ رکھتے۔

۲۷. اور ہم نے لوگوں کو سمجھانے کیلیئے اس قرآن میں ہر طرح کی مثالیں بیان کی ہیں تاکہ وہ نصیحت پکڑیں

۲۸. اور ہم نے دیا ہے (انہیں) قرآن جو عربی زبان میں ہے جس میں ذرا کجی نہیں تاکہ وہ اللہ سے ڈریں

۲۹. اللہ ایک مثال بیان کرتا ہے کہ ایک شخص ہے جس میں کئی آدمی شریک ہیں مختلف مزاج اور بد فطرت اور ایک آدمی ایک خاص شخص کا غلام ہے بھلا دونوں کی حالت برابر ہے؟ نہیں! سب خوبی اللہ ہی کیلیئے ہے مگر اکثر لوگ ان میں سمجھ نہیں رکھتے۔

۳۰.　(اے پیغمبر ﷺ!) بیشک تم بھی اور یہ بھی مر جائیں گے۔

۳۱.　پھر البتہ قیامت کے دن تم سب اللہ کے سامنے جھگڑو گے

۳۲.　تو اس سے بڑھ کر ظالم کون جو اللہ پر جھوٹ بولے اور سچی بات جب اس کے پاس پہنچ جائے تو اسے جھٹلائے کیا جہنم میں کافروں کا ٹھکانا نہیں ہے؟۔

۳۳.　اور جو شخص سچی بات لے کر آیا اور جس نے اس کی تصدیق کی وہی لوگ متقی ہیں۔

۳۴.　وہ جو چاہیں گے ان کے لیے ان کے رب کے پاس موجود ہے، نیکوکاروں کا یہی بدلہ ہے۔

۳۵.　تاکہ اللہ ان سے ان برائیوں کو جو انہوں نے کیں دور کر دے اور نیک کاموں کا جو وہ کرتے رہے بدلہ دے۔

۳۶.　کیا اللہ اپنے بندے کیلیئے کافی نہیں؟ اور یہ تم کو ان لوگوں سے جو اس کے سوا ہیں یعنی غیر اللہ سے ڈراتے ہیں اور جس کو اللہ گمراہ کرے اسے کوئی ہدایت دینے والا نہیں۔

۳۷.　اور جسے اللہ ہدایت دے اسے کوئی گمراہ کرنے والا نہیں۔ کیا اللہ غالب (اور) بدلہ لینے والا نہیں ہے؟

۳۸.　اور اگر تم ان سے پوچھو کہ آسمان و زمین کس نے پیدا کیے؟ تو کہہ دیں گے: اللہ نے۔ کہو کہ بھلا دیکھو تو جن کو تم اللہ کے سوا پکارتے ہو، اگر اللہ مجھے کوئی تکلیف پہچانی چاہے تو کیا وہ اس تکلیف کو دور کر سکتے ہیں؟ یا اگر مجھ پر مہربانی کرنا چاہے تو وہ اس کی مہربانی

کو روک سکتے ہیں؟ کہہ دو کہ مجھے اللہ ہی کافی ہے۔ بھروسہ رکھنے والے اسی پر بھروسہ رکھتے ہیں۔

۳۹. کہہ دو کہ اے میری قوم! تم اپنی جگہ عمل کیے جاؤ، میں اپنی جگہ عمل کئے جاتا ہوں عنقریب تم کو معلوم ہو جائے گا۔

۴۰. کہ کس پر عذاب آتا ہے جو اسے رسوا کرے گا اور کس پر ہمیشہ کا عذاب نازل ہوتا ہے۔

۴۱. ہم نے آپ پر کتاب لوگوں کی ہدایت کیلیئے سچائی کے ساتھ نازل کی ہے تو جو شخص ہدایت پاتا ہے وہ اپنے بھلے کیلیئے ہی ہدایت پاتا ہے اور جو گمراہ ہوتا ہے وہ اپنا ہی نقصان کرتا ہے۔ اور اے پیغمبر! آپ ان کے ذمہ دار نہیں ہو۔

۴۲. اللہ لوگوں کے مرنے کے وقت ان کی روحیں قبض کر لیتا ہے اور جو مرے نہیں ان کی روحیں سوتے میں قبض کر لیتا ہے پھر جن پر موت کا حکم کر چکتا ہے ان کو روک رکھتا ہے اور باقی روحوں کو ایک وقت مقرر تک چھوڑ دیتا ہے، جو لوگ فکر کرتے ہیں ان کیلیئے اس میں نشانیاں ہیں

۴۳. کیا انہوں نے اللہ کے سوا اور سفارشی بنا لیے ہیں کہو کہ خواہ وہ کسی چیز کا بھی اختیار نہ رکھتے ہوں اور نہ کچھ سمجھتے ہی ہوں؟

۴۴۔ کہہ دو کہ سفارش تو سب اللہ ہی کے ہاتھ میں ہے اسی کیلئے آسمانوں اور زمین کی بادشاہت ہے پھر تم اسی کی طرف لوٹ کر جاؤ گے۔

۴۵۔ اور جب تنہا اللہ کا ذکر کیا جاتا ہے تو جو لوگ آخرت پر ایمان نہیں رکھتے تو ان کے دل منقبض ہو جاتے ہیں اور جب اس کے سوا اوروں کا ذکر کیا جاتا ہے تو خوش ہو جاتے ہیں

۴۶۔ کہو کہ اے اللہ! اے آسمانوں اور زمین کے پیدا کرنے والے پوشیدہ اور ظاہر کو جاننے والے، تو ہی اپنے بندوں میں ان باتوں کا فیصلہ کرے گا جن میں وہ اختلاف کرتے رہے ہیں

۴۷۔ اور اگر ظالموں کے پاس سب مال متاع ہو جو زمین میں ہے اور اس کے ساتھ اسی قدر اور ہو تو قیامت کے روز برے عذاب سے بچنے کیلئے بدلہ میں دے دیں اور ان پر اللہ کی طرف سے وہ امر ظاہر ہو جائے گا جس کا ان کو خیال بھی نہ تھا

۴۸۔ اور ان کے اعمال کی برائیاں ان پر ظاہر ہو جائیں گی اور جس عذاب کی وہ ہنسی اڑاتے تھے وہ ان کو آ گھیرے گا۔

۴۹۔ جب انسان کو تکلیف پہنچتی ہے تو ہمیں پکارنے لگتا ہے پھر جب ہم اپنی طرف سے اس کو نعمتیں بخشتے ہیں تو کہتا ہے کہ یہ تو مجھے میرے علم اور دانش کی وجہ سے ملی ہیں۔ نہیں بلکہ وہ آزمائش ہے مگر ان میں سے اکثر نہیں جانتے

۵۰.	جو لوگ ان سے پہلے تھے وہ بھی یہی کہا کرتے تھے، تو جو کچھ وہ کیا کرتے تھے ان کے کچھ بھی کام نہ آیا۔

۵۱.	ان پر ان کے اعمال کے وبال پڑ گئے اور جو لوگ ان میں سے ظلم کرتے رہے ان پر ان کے عملوں کے وبال عنقریب پڑیں گے اور اللہ کو عاجز نہیں کر سکتے۔

۵۲.	کیا وہ نہیں جانتے کہ اللہ ہی جس کیلئے چاہتا ہے رزق کو فراخ کر دیتا ہے اور جس کیلئے چاہتا ہے تنگ کر دیتا ہے جو لوگ ایمان لاتے ہیں ان کے لیے اس میں بہت سی نشانیاں ہیں

۵۳.	اے پیغمبر! میری طرف سے لوگوں کو کہہ دو کہ اے میرے بندو! جنہوں نے اپنی جانوں پر زیادتی کی ہے اللہ کی رحمت سے نامید نہ ہونا اللہ تو سب گناہوں کی بخشش دیتا ہے اور وہ تو بخشنے والا مہربان ہے

۵۴.	اور اس سے پہلے کہ تم پر عذاب آ واقع ہو اپنے رب کی طرف رجوع کرو اور اس کے فرمانبردار ہو جاؤ پھر تم کو مدد نہیں ملے گی

۵۵.	اور اس سے پہلے کہ تم پر اچانک عذاب آ جائے اور تم کو خبر بھی نہ ہو اس بہترین کتاب کی جو تمہارے رب کی طرف سے تم پر نازل ہوئی ہے پیروی کرو۔

۵۶.	کبھی کوئی شخص کہنے لگے: ہائے افسوس! اس پر کہ میں اللہ کے حق میں کوتاہی کرتا رہا اور میں تو ہنستا ہی رہا۔

۵۷.	یا یہ کہنے لگے کہا گر اللہ مجھے ہدایت دیتا تو میں بھی پر ہیز گاروں میں ہوتا۔

۵۸.	یا جب عذاب دیکھ لے تو کہنے لگے کہ اگر مجھے دنیا میں ایک دفعہ پھر جانا ہو تو میں نیکو کاروں میں ہو جاؤں

۵۹.	اللہ فرمائے گا۔ کیوں نہیں تیرے پاس میرے حکم پہنچ چکے تھے۔ پھر تو نے ان کو جھٹلایا غرور کیا اور تو منکروں میں سے تھا

۶۰.	اور جن لوگوں نے اللہ پر جھوٹ بولا تم قیامت کے دن دیکھو گے کہ ان کے منہ کالے ہو رہے ہوں گے کیا غرور کرنے والوں کا ٹھکانا دوزخ میں نہیں ہے ؟

۶۱.	اور جو پرہیز گار ہیں ان کی سعادت اور کامیابی کے سبب اللہ ان کو نجات دے گا۔ نہ تو ان کو کوئی سختی پہنچے گی اور نہ وہ غم ناک ہوں گے

۶۲.	اللہ ہی ہر چیز کا پیدا کرنے والا ہے اور وہی ہر چیز کا نگران ہے

۶۳.	اسی کے پاس آسمانوں اور زمین کی کنجیاں ہیں اور جنہوں نے اللہ کی آیتوں سے کفر کیا وہی نقصان اٹھانے والے ہیں۔

۶۴.	کہہ دو کہ اے نادانو! تم مجھ سے یہ کہتے ہو کہ میں اللہ کے سوا کسی کی پرستش کروں۔

۶۵.	اور اے محمد ﷺ تمہاری طرف اور ان پیغمبروں کی طرف جو تم سے پہلے ہو چکے ہیں یہی وحی بھیجی گئی ہے کہ اگر تم نے شرک کیا تو تمہارے اعمال برباد ہو جائیں گے اور تم نقصان اٹھانے والوں میں ہو جاؤ گے۔

۶۶۔ بلکہ اللہ ہی کی عبادت کرو اور شکر گزاروں میں ہو جاؤ۔

۶۷۔ اور انہوں نے اللہ کی قدر شناسی جیسی کرنی چاہیے تھی نہیں کی اور قیامت کے دن تمام زمین اس کی مٹھی میں ہوگی اور آسمان اس کے داہنے ہاتھ میں لپیٹے ہوں گے اور وہ ان لوگوں کے شرک سے پاک اور عالی شان ہے

۶۸۔ اور جب صور پھونکا جائے گا تو جو لوگ آسمان میں ہیں اور جو زمین میں ہیں سب بے ہوش ہو کر گر پڑیں گے مگر وہ جس کو اللہ چاہے پھر دوسری دفعہ پھونکا جائے گا تو فوراً سب کھڑے ہو کر دیکھنے لگیں گے

۶۹۔ اور زمین اپنے رب کے نور سے چمکنے لگے گی اور اعمال کی کتاب کھول کر رکھ دی جائے گی پیغمبر اور گواہ حاضر کیے جائیں گے اور ان میں انصاف کے ساتھ فیصلہ کیا جائے گا اور بے انصافی نہیں کی جائے گی۔

۷۰۔ اور جس شخص نے جو عمل کیا ہوگا اس کو اس کا پورا پورا بدلہ مل جائے گا اور جو کچھ یہ کرتے ہیں اس کو سب کی خبر ہے۔

۷۱۔ اور کافروں کو گروہ گروہ بنا کر جہنم کی طرف لے جایا جائے گا۔ یہاں تک کہ جب وہ اس کے پاس پہنچ جائیں گے تو اس کے دروازے کھول دیئے جائیں گے اس کے داروغہ ان سے کہیں گے کہ کیا تمہارے پاس تم ہی میں سے پیغمبر نہیں آئے تھے جو تم کو

تمہارے رب کی آیتیں پڑھ پڑھ کر سناتے اوراس دن کے پیش آنے سے ڈراتے تھے؟ وہ کہیں گے کیوں نہیں۔ مگر کفار کے حق میں عذاب کا حکم ثابت ہو چکا تھا۔

۷۲. کہا جائے گا کہ دوزخ کے دروازوں میں داخل ہو جاؤ ہمیشہ اس میں رہو گے تکبر کرنے والوں کا برا ٹھکانا ہے

۷۳. اور جو لوگ اپنے رب سے ڈرتے ہیں ان کو گروہ گروہ بنا کر بہشت کی طرف لے جایا جائے گا یہاں تک کہ جب اس کے پاس جائیں گے اور اس کے دروازے کھول دیئے جائیں گے تو اس کے داروغے ان سے کہیں گے کہ تم پر سلام ہو بہت اچھے رہے، اب اس میں ہمیشہ کیلیئے داخل ہو جاؤ۔

۷۴. وہ کہیں گے کہ اللہ کا شکر ہے جس نے اپنے وعدے کو ہم سے سچا کر دیا اور ہم کو اس زمین کا وارث بنا دیا ہم بہشت میں جس مکان میں چاہیں رہیں۔ تو اچھے عمل کرنے والوں کا بدلہ بھی کیسا خوب ہے۔

۷۵. تم فرشتوں کو دیکھو گے کہ عرش کے گرد گھیرا باندھے ہوئے ہیں اور اپنے رب کی تعریف کے ساتھ تسبیح کر رہے ہیں اور ان میں انصاف کے ساتھ فیصلہ کیا جائے گا اور کہا جائے گا کہ ہر طرح کی تعریف اللہ ہی کو سزاوار ہے جو سارے جہان کا مالک ہے

۴۰۔ سورۃ غافر

۱۔ حٰمٓ۔ حروف مقطعات میں سے ہے۔

۲۔ اس کتاب کا اتارا جانا اللہ غالب و دانا کی طرف سے ہے۔

۳۔ جو گناہ بخشنے والا، توبہ قبول کرنے والا، سخت عذاب دینے والا اور صاحب کرم ہے اس کے سوا کوئی معبود نہیں اور اسی کی طرف سب نے لوٹنا ہے۔

۴۔ اللہ تعالیٰ کی آیتوں میں وہی لوگ جھگڑتے ہیں جو کافر ہیں، تو ان لوگوں کا شہروں میں چلنا پھرنا تمہیں دھوکہ میں نہ ڈال دے۔

۵۔ ان سے پہلے نوحؑ کی قوم اور ان کے بعد اور امتوں نے بھی پیغمبروں کی تکذیب کی اور ہر امت نے اپنے پیغمبر کے بارے میں یہی ارادہ کیا کہ اس کو پکڑ لیں اور فضول شبہات سے جھگڑتے رہیں تاکہ اس سے حق کو مٹا دیں تو میں نے ان کو پکڑ لیا سو دیکھ لو میرا عذاب کیسا ہوا؟

۶۔ اور اسی طرح کفار کے بارے میں بھی تمہارے رب کی بات پوری ہو چکی ہے کہ وہ دوزخی ہیں۔

۷.	جو لوگ عرش کو اٹھائے ہوئے ہیں اور جو اس کے گرد حلقہ باندھے ہوئے ہیں یعنی فرشتے وہ اپنے رب کی تعریف کے ساتھ تسبیح کرتے رہتے ہیں اور اس کے ساتھ ایمان رکھتے ہیں اور مومنوں کے لیے بخشش مانگتے رہتے ہیں کہ اے ہمارے رب تیری رحمت اور تیرا علم ہر چیز کو احاطہ کیے ہوئے ہے۔ تو جن لوگوں نے توبہ کی اور تیرے رستے پر چلے، ان کو بخش دے اور دوزخ کے عذاب سے بچالے۔

۸.	اے ہمارے رب ان کو ہمیشہ رہنے کے لیے جنتوں میں داخل کر، جن کا تو نے ان سے وعدہ کیا ہے۔ اور جو ان کے باپ دادا اور ان کی بیویوں اور ان کی اولاد میں سے نیک ہوں ان کو بھی، بیشک تو غالب حکمت والا ہے۔

۹.	اور ان کو عذابوں سے بچائے رکھ اور جس کو تو اس دن عذابوں سے بچالے گا تو یہ بیشک اس پر مہربانی ہوگی اور یہی بڑی کامیابی ہے۔

۱۰.	اور جن لوگوں نے کفر کیا ان سے پکار کر کہہ دیا جائے گا کہ جب تم دنیا میں ایمان کی طرف بلائے جاتے تھے تو مانتے نہیں تھے تو اللہ اس سے کہیں زیادہ بے زار ہوتا تھا۔ جس قدر تم اپنے آپ سے بیزار ہو رہے ہو۔

۱۱.	وہ کہیں گے کہ اے ہمارے رب! تو نے ہمیں دو دفعہ بے جان کیا اور دو دفعہ جان بخشی، ہم کو اپنے گناہوں کا اقرار ہے تو کیا نکلنے کی کوئی راہ ہے؟۔

۱۲. یہ اس لیے کہ جب صرف اللہ کو پکارا جاتا تھا تو تم انکار کر دیتے تھے، اور اگر اس کے ساتھ شریک کیا جاتا تھا تو تم اس کو مان لیتے تھے۔ تو حکم تو اللہ ہی کا ہے جو سب سے بڑا ہے

۱۳. وہی تو ہے جو تم کو اپنی نشانیاں دکھاتا ہے اور تم پر آسمان سے رزق اتارتا ہے اور نصیحت تو وہی پکڑتا ہے جو اس کی طرف رجوع کرتا ہے۔

۱۴. تو اللہ کی عبادت کو خالص کر کے اسی کو پکارو اگرچہ کافر برا ہی مانیں۔

۱۵. وہ مالک درجات عالی اور عرش والا ہے اپنے بندوں میں سے جس کو چاہتا ہے اپنے حکم سے وحی بھیجتا ہے تاکہ ملاقات کے دن سے ڈرائے

۱۶. جس روز وہ نکل پڑیں گے ان کی کوئی چیز اللہ سے پوشیدہ نہ رہے گی۔ آج کس کی بادشاہت ہے؟ اللہ کی جو اکیلا اور غالب ہے۔

۱۷. آج کے دن ہر شخص کو اس کے اعمال کا بدلہ دیا جائے گا، آج کسی کے حق میں بے انصافی نہیں ہوگی۔ بیشک اللہ جلد حساب لینے والا ہے

۱۸. اور ان کو قریب آنے والے دن سے ڈراؤ جب کہ دل غم سے بھر کر گلوں تک آ رہے ہوں گے اور ظالموں کا کوئی دوست نہ ہوگا اور نہ کوئی سفارشی جس کی بات قبول کی جائے

۱۹. وہ آنکھوں کی خیانت کو جانتا ہے اور جو باتیں سینوں میں پوشیدہ ہیں ان کو بھی۔

۲۰۔ اور اللہ سچائی کے ساتھ حکم دیتا ہے اور جن کو یہ لوگ پکارتے ہیں وہ کچھ بھی حکم نہیں دے سکتے، بیشک اللہ سننے والا اور دیکھنے والا ہے

۲۱۔ کیا انہوں نے زمین میں سیر نہیں کی تاکہ دیکھ لیتے کہ جو لوگ ان سے پہلے تھے ان کا انجام کیسا ہوا؟ وہ ان سے زور آور زمین میں نشانات بنانے کے لحاظ سے کہیں بڑھ کر تھے تو اللہ نے ان کو ان کے گناہوں کے سبب پکڑ لیا اور ان کو اللہ کے عذاب سے بچانے والا کوئی بھی نہ تھا

۲۲۔ یہ اس لیے کہ ان کے پاس پیغمبر کھلی نشانیاں لاتے تھے تو یہ کفر کرتے تھے سو اللہ نے ان کو پکڑ لیا بیشک وہ قوت والا اور سخت عذاب دینے والا ہے۔

۲۳۔ اور ہم نے موسیٰ کو اپنی نشانیاں اور دلیل روشن دے کر بھیجا

۲۴۔ یعنی فرعون، ہامان اور قارون کی طرف تو انہوں نے کہا کہ یہ تو جھوٹا جادوگر ہے۔

۲۵۔ غرض جب وہ ان کے پاس ہماری طرف سے حق لے کر پہنچے تو کہنے لگے کہ جو لوگ اس کے ساتھ اللہ پر ایمان لائے ہیں ان کے بیٹوں کو قتل کر دو اور بیٹیوں کو رہنے دو اور کافروں کی تدبیریں بے ٹھکانے ہوتی ہیں

۲۶۔ اور فرعون بولا کہ مجھے چھوڑو تاکہ موسیٰ کو قتل کر دوں اور وہ اپنے رب کو بلا لے۔ مجھے ڈر ہے کہ وہ کہیں تمہارے دین کو نہ بدل دے یا ملک میں فساد نہ پیدا کر دے

۲۷.	موسیٰؑ نے کہا : میں ہر متکبر سے جو حساب کے دن یعنی قیامت پر ایمان نہیں لاتا اپنے اور تمہارے رب کی پناہ لے چکا ہوں

۲۸.	اور فرعون کے لوگوں میں سے ایک مومن شخص جو اپنے ایمان کو پوشیدہ رکھتا تھا کہنے لگا : کیا تم ایسے شخص کو قتل کرنا چاہتے ہو جو کہتا ہے کہ میرا رب اللہ ہے اور وہ تمہارے پاس تمہارے رب کی طرف سے نشانیاں بھی لے کر آیا ہے۔ اور اگر وہ جھوٹا ہوگا تو اس کے جھوٹ کا نقصان اسی کو ہوگا۔ اگر سچا ہوگا تو کوئی سا عذاب جس کا وہ تم سے وعدہ کرتا ہے تم پر ضرور آکر رہے گا۔ بیشک اللہ اس شخص کو ہدایت نہیں دیتا جو بے لحاظ جھوٹا ہو۔

۲۹.	اے قوم! آج تمہاری ہی بادشاہت ہے، اور تم ہی ملک میں غالب ہو لیکن اگر ہم پر اللہ کا عذاب آگیا تو اس کو دور کرنے کے لیئے ہماری مدد کون کرے گا؟ فرعون نے کہا کہ میں تمہیں وہی بات سمجھاتا ہوں جو مجھے سوجھی ہے اور وہی راہ بتاتا ہوں جس میں بھلائی ہے

۳۰.	تو مومن کہنے لگا کہ اے قوم! مجھے تمہاری نسبت خوف ہے کہ کہیں تم پر اگلے فرقوں کا سا وقت آپڑے (عذاب آجائے)

۳۱.	یعنی نوحؑ کی قوم اور عاد و ثمود اور جو لوگ ان کے پیچھے ہوئے ہیں ان کے حال کی طرح تمہارا حال نہ ہو جائے اور اللہ تو بندوں پر ظلم کرنا نہیں چاہتا۔

۳۲.	اور اے قوم! مجھے تمہاری طرف سے پکار کے دن یعنی قیامت کا خوف ہے

۳۳.	جس دن تم پیٹھ پھیر کر قیامت کے میدان سے بھاگو گے اس دن تم کو کوئی عذاب سے بچانے والا نہ ہوگا اور جس کو اللہ گمراہ کرے اس کو کوئی ہدایت دینے والا نہیں

۳۴.	اور پہلے یوسفؑ بھی تمہارے پاس نشانیاں لے کر آئے تھے۔ تو جو وہ لائے تھے اس سے تم ہمیشہ شک ہی میں رہے یہاں تک کہ جب وہ فوت ہو گئے تو تم کہنے لگے کہ اللہ اس کے بعد کبھی کوئی پیغمبر نہیں بھیجے گا۔ اسی طرح اللہ اس شخص کو گمراہ کر دیتا ہے جو حد سے نکل جانے والا اور شک کرنے والا ہو

۳۵.	جو لوگ بغیر اس کے کہ ان کے پاس کوئی دلیل آئی ہو اللہ کی آیتوں میں جھگڑتے ہیں۔ اللہ کے نزدیک اور مومنوں کے نزدیک جھگڑا سخت ناپسند ہے۔ اسی طرح اللہ ہر سرکش متکبر کے دل پر مہر لگا دیتا ہے

۳۶.	تو فرعون نے کہا کہ ہامان! میرے لیے ایک محل بناؤ تاکہ میں اس پر چڑھ کر آسمان کے راستے پر جا پہنچوں۔

۳۷.	یعنی آسمان کے راستوں پر پھر موسیٰؑ کے رب کو دیکھ لوں اور میں تو اسے جھوٹا سمجھتا ہوں اور اسی طرح فرعون کو اس کے اعمال بد اچھے معلوم ہوتے تھے اور وہ رستے سے روک دیا گیا تھا اور فرعون کی تدبیر تو بے کار تھی

۳۸.	اور وہ شخص جو مومن تھا اس نے کہا کہ بھائیو! میرے پیچھے چلو میں تمہیں بھلائی کا راستہ دکھاؤں گا

۳۹۔ بھائیو! یہ دنیا کی زندگی چند روز فائدہ اٹھانے کی چیز ہے اور آخرت ہی ہمیشہ رہنے کا گھر ہے

۴۰۔ جو برے کام کرے گا اس کو بدلہ بھی ویسا ہی ملے گا اور جو نیک کام کرے گا مرد ہو یا عورت اور جو مومن بھی ہوگا تو ایسے لوگ بہشت میں داخل ہوں گے وہاں ان کو بیشمار رزق ملے گا۔

۴۱۔ اور اے قوم! میرا کیا حال ہے کہ میں تم کو نجات کی طرف بلاتا ہوں اور تم مجھے دوزخ کی آگ کی طرف بلاتے ہو

۴۲۔ تم مجھے اس لیے بلاتے ہو کہ میں اللہ کے ساتھ کفر کروں اور اس چیز کو اس کا شریک مقرر کروں جس کا مجھے کچھ بھی علم نہیں۔ اور میں تم کو اللہ غالب اور بخشنے والے کی طرف بلاتا ہوں

۴۳۔ سچ تو یہ ہے کہ جس چیز کی طرف تم بلاتے ہو اس کا دنیا و آخرت میں کہیں بھی بلاوا نہیں (یعنی دعا قبول کرنے کی طاقت نہیں) اور ہم کو اللہ کی طرف لوٹنا ہے اور حد سے نکل جانے والے دوزخی ہیں۔

۴۴۔ جو بات میں تم سے کہتا ہوں تم اسے آگے چل کر یاد کرو گے اور میں اپنا کام اللہ کے سپرد کرتا ہوں بیشک اللہ بندوں کو دیکھنے والا ہے

۴۵.	غرض اللہ نے موسیٰ کو ان لوگوں کی تدبیروں کی برائیوں سے محفوظ رکھا اور فرعونیوں کو برے عذاب نے آگھیرا

۴۶.	یعنی جہنم کی آگ کہ صبح و شام اس کے سامنے پیش کیئے جاتے ہیں اور جس روز قیامت برپا ہوگی حکم ہوگا کہ فرعون والوں کو سخت عذاب میں داخل کرو

۴۷.	اور جب وہ دوزخ میں جھگڑیں گے تو ادنیٰ درجے کے لوگ بڑے آدمیوں سے کہیں گے کہ ہم تو تمہارے تابع تھے تو کیا تم دوزخ کے عذاب کا کچھ حصہ ہم سے دور کر سکتے ہو؟

۴۸.	بڑے لوگ کہیں گے کہ تم بھی اور ہم بھی سب دوزخ میں ہیں اللہ بندوں میں فیصلہ کر چکا ہے۔

۴۹.	اور جو لوگ آگ میں جل رہے ہوں گے وہ دوزخ کے داروغوں سے کہیں گے کہ اپنے رب سے دعا کرو کہ ایک دن کیلیئے تو ہم سے عذاب ہلکا کر دے۔

۵۰.	وہ کہیں گے کہ کیا تمہارے پاس تمہارے پیغمبر نشانیاں لے کر نہیں آئے تھے؟ وہ کہیں گے کیوں نہیں۔ تو وہ کہیں گے تم ہی دعا کرو : اور کفار کی دعا اس روز بے کار ہوگی۔

۵۱.	ہم اپنے پیغمبروں کی اور جو لوگ ایمان لائے ہیں ان کی دنیا کی زندگی میں بھی مدد کرتے ہیں اور جس دن گواہ کھڑے ہوں گے یعنی قیامت کو بھی۔

۵۲. جس دن ظالموں کو ان کی معذرت کچھ فائدہ نہ دے گی اور ان کیلیئے لعنت اور برا گھر ہے۔

۵۳. اور ہم نے موسیٰ کو ہدایت کی کتاب دی اور بنی اسرائیل کو اس کتاب کا وارث بنایا۔

۵۴. عقل والوں کیلیئے ہدایت اور نصیحت ہے۔

۵۵. تو صبر کرو بیشک اللہ کا وعدہ سچا ہے اور اپنے گناہوں کی معافی مانگو اور صبح و شام اپنے رب کی تعریف کے ساتھ تسبیح کرتے رہو

۵۶. جو لوگ بغیر کسی دلیل کے جو ان کے پاس آئی ہو اللہ کی آیتوں میں جھگڑتے ہیں ان کے دلوں میں اور کچھ نہیں سوائے کبر و غرور کے مگر وہ اس بڑائی کو پہنچنے والے نہیں تو اللہ کی پناہ مانگو بیشک وہ سننے والا اور دیکھنے والا ہے۔

۵۷. آسمانوں اور زمین کا پیدا کرنا لوگوں کو پیدا کرنے کی نسبت بڑا کام ہے لیکن اکثر لوگ نہیں جانتے۔

۵۸. اندھا اور آنکھوں والا برابر نہیں حقیقت یہ ہے کہ تم بہت کم غور کرتے ہو

۵۹. قیامت تو آنے والی ہے اس میں کچھ شک نہیں لیکن اکثر لوگ ایمان نہیں رکھتے۔

٦٠. اور تمہارے رب نے کہا ہے کہ تم مجھ سے دعا کرو میں تمہاری دعا قبول کروں گا۔ جو لوگ تکبر کی وجہ سے میری عبادت سے منہ موڑتے ہیں عنقریب ذلیل ہو کر جہنم میں داخل ہوں گے۔

٦١. اللہ ہی تو ہے جس نے تمہارے لیے رات بنائی کہ اس میں آرام کرو اور دن کو روشن بنایا کہ اس میں کام کرو بیشک اللہ لوگوں پر فضل کرنے والا ہے۔ لیکن اکثر لوگ شکر نہیں کرتے

٦٢. یہی اللہ تمہارا رب ہے جو ہر چیز کا پیدا کرنے والا ہے اس کے سوا کوئی معبود نہیں پھر تم کہاں بھٹک رہے ہو۔

٦٣. اسی طرح وہ لوگ بھٹک رہے تھے جو اللہ کی آیتوں سے انکار کرتے تھے۔

٦٤. اللہ ہی تو ہے جس نے زمین کو تمہارے ٹھہرنے کی جگہ بنایا اور آسمان کو چھت بنایا اور تمہاری صورتیں بنائیں اور صورتیں بھی اچھی بنائیں۔ تمہیں پاکیزہ چیزیں کھانے کو دیں وہی اللہ (جس کے یہ کام ہیں) تمہارا رب ہے بے حساب برکتوں والا وہ کائنات کا رب ہے

٦٥. وہ زندہ ہے جسے موت نہیں اس کے سوا کوئی عبادت کے لائق نہیں تو اسی کی عبادت کو خالص کر کے اسی کو پکارو ہر طرح کی تعریف اسی کے لیے ہے جو تمام جہان کا رب ہے۔

٦٦. اے محمد ﷺ! ان سے کہہ دو کہ مجھے اس بات سے منع کر دیا گیا ہے کہ جن کو تم اللہ کے سوا پکارتے ہو ان کی پوجا کروں اور میں ان کی کیوں پرستش کروں جب کہ میرے پاس میرے رب کی طرف سے کھلی دلیلیں آچکی ہیں اور مجھ کو یہ حکم ہوا ہے کہ رب العالمین ہی کا فرمانبردار رہوں۔

٦٧. وہی تو ہے جس نے پہلے تمہیں مٹی سے پیدا کیا پھر نطفہ بنا کر، پھر لوتھڑا بنا کر، پھر تم کو نکالتا ہے کہ تم بچے ہوتے ہو پھر تم اپنی جوانی کو پہنچتے ہو، پھر بوڑھے ہو جاتے ہو اور کوئی تم میں سے بوڑھا ہونے سے پہلے ہی مر جاتا ہے اور تم موت کے مقررہ وقت تک پہنچ جاتے ہو اور تاکہ تم سمجھو۔

٦٨. وہی تو ہے جو زندہ کرتا ہے اور مارتا ہے پھر جب وہ کوئی کام کرنا اور کسی کو پیدا کرنا چاہتا ہے تو اس سے کہہ دیتا ہے کہ ہو جا تو وہ ہو جاتا ہے۔

٦٩. کیا تم نے ان لوگوں کو نہیں دیکھا جو اللہ کی آیتوں میں جھگڑتے ہیں؟ یہ کہاں بھٹک رہے ہیں؟

٧٠. جن لوگوں نے کتاب اللہ کو اور جو کچھ ہم نے اپنے پیغمبروں کو دے کر بھیجا اس کو جھٹلایا وہ عنقریب معلوم کر لیں گے

٧١. جب کہ ان کی گردنوں میں طوق اور زنجیریں ہوں گی اور گھسیٹے جائیں گے۔

٧٢. یعنی کھولتے ہوئے پانی میں پھر آگ میں جھونک دیئے جائیں گے۔

۷۳. پھر ان سے کہا جائے گا کہ وہ کہاں ہیں جن کو تم اللہ کے شریک بناتے تھے۔

۷۴. یعنی غیر اللہ کہیں گے وہ تو ہم سے جاتے رہے بلکہ ہم تو پہلے کسی چیز کو پکارتے ہی نہیں تھے۔ اسی طرح اللہ کفار کو گمراہ کرتا ہے۔

۷۵. یہ اس کا بدلہ ہے کہ تم زمین میں حق کے بغیر اس کے خلاف خوش ہوا کرتے تھے اور اس کی سزا ہے کہ اترایا کرتے تھے

۷۶. اب جہنم کے دروازوں میں داخل ہو جاؤ ہمیشہ اسی میں رہو گے متکبروں کا کیا برا ٹھکانا ہے۔

۷۷. تو اے پیغمبر! صبر کرو اللہ کا وعدہ سچا ہے اگر ہم تم کو کچھ اس میں سے دکھا دیں جس کا ہم تم سے وعدہ کرتے ہیں یعنی کفار پر عذاب نازل کریں یا تمہاری زندگی کا وقت پورا کر دیں تو ان کو ہماری طرف ہی لوٹ کر آنا ہے۔

۷۸. اور ہم نے تم سے پہلے بہت سے پیغمبر بھیجے ان میں کچھ تو ایسے ہیں جن کے حالات تم سے بیان کر دئیے ہیں اور کچھ ایسے ہیں جن کے حالات بیان نہیں کیے اور کسی پیغمبر کے بس میں نہ تھا کہ اللہ کے حکم کے بغیر کوئی نشانی لائے پھر جب اللہ کا حکم آ پہنچا تو انصاف کے ساتھ فیصلہ کر دیا گیا اور جھوٹے لوگ نقصان میں پڑ گئے۔

۷۹. اللہ ہی تو ہے جس نے تمہارے لیے چارپائے (جانور) بنائے تا کہ ان میں سے بعض پر سوار ہو اور بعض کو تم کھاتے ہو

۸۰. تمہارے لیے ان میں فائدے ہیں اور اس لیے بھی کہ اگر کہیں جانے کی تمہارے دلوں میں حاجت ہو تو ان پر سوار ہو کر وہاں پہنچ جاؤ۔ ان پر اور کشتیوں پر تم سوار ہوتے ہو۔

۸۱. اور وہ تمہیں اپنی نشانیاں دکھاتا ہے تو تم اللہ کی کن کن نشانیوں کو نہ مانو گے۔

۸۲. کیا ان لوگوں نے زمین میں سیر نہیں کی تاکہ دیکھتے جو لوگ ان سے پہلے تھے ان کا انجام کیسا ہوا حالانکہ وہ ان سے کئی گنا زیادہ طاقت ور اور زمین میں نشانات (عمارتیں) بنانے کے اعتبار سے بہت بڑھ کر تھے۔ تو جو کچھ وہ کرتے تھے وہ ان کے کچھ کام نہ آیا۔

۸۳. اور جب ان کے پیغمبر ان کے پاس کھلی نشانیاں لے کر آئے تو جو علم ان کے خیال میں ان کے پاس تھا اس پر اترانے لگے اور جس چیز کا مذاق اڑایا کرتے تھے اس نے ان کو آ گھیرا (عذاب)۔

۸۴. پھر جب انہوں نے ہمارا عذاب دیکھ لیا تو کہنے لگے ہم اللہ واحد پر ایمان لائے اور جس چیز کو اس کے ساتھ شریک بناتے تھے اس سے انکار کرتے ہیں۔

۸۵. لیکن جب وہ ہمارا عذاب دیکھ چکے اس وقت ان کے ایمان نے ان کو کچھ بھی فائدہ نہ دیا۔ یہ اللہ کی عادت ہے جو اس کے بندوں کے بارے میں چلی آتی ہے۔ اور وہاں کافر گھاٹے میں پڑ کر رہ گئے

۴۱۔ سورۃ فصلت / حم سجدہ

۱. حٰمٓ

۲. یہ کتاب اللہ رحمن ورحیم کی طرف سے اتری ہے

۳. ایسی کتاب جس کی آیات معنی کے لحاظ سے بڑی واضح ہیں، یہ قرآن عربی (زبان) میں ہے۔ یہ ان لوگوں کے لیے ہے جو علم رکھتے ہیں۔

۴. یہ خوشخبری سنانے والا اور ڈرانے والا ہے۔ لیکن ان میں سے اکثر نے منہ پھیر لیا اور وہ سنتے ہی نہیں۔

۵. اور کہنے لگے کہ جس بات کی طرف تم ہمیں بلاتے ہو اس سے ہمارے دل پردہ میں ہیں اور ہمارے کانوں میں بوجھ ہے (بہرے ہیں) ہمارے اور تمہارے درمیان پردہ ہے۔ تو تم اپنا کام کرو ہم اپنا کام کرتے ہیں

۶. کہہ دو کہ میں بھی آدمی ہوں جیسے کہ تم۔ ہاں مجھ پر وحی آتی ہے کہ تمہارا معبود اللہ واحد ہے تو سیدھے اسی کی طرف متوجہ رہو اور اسی سے مغفرت مانگو اور مشرکوں پر افسوس ہے۔

۷. جو زکوٰۃ نہیں دیتے اور آخرت کے بھی قائل نہیں۔

۸. جو لوگ ایمان لائے اور نیک عمل کرتے رہے ان کے لیے ایسا ثواب ہے جو ختم ہی نہ ہو۔

۹. کہو کیا تم اس سے انکار کرتے ہو جس نے زمین کو دو دن میں پیدا کیا۔ اور بتوں کو اس کے جیسا بناتے ہو، وہی تو سارے جہانوں کا مالک ہے

۱۰. اور اسی نے زمین کے اوپر پہاڑ بنائے اور زمین میں برکت رکھی اور عیش و آرام کے تمام سامان پیدا کیئے۔ اور یہ سب کچھ صرف چار دن میں اور تمام مخلوقات کے لیے برابر ہے۔

۱۱. پھر آسمانوں کی طرف متوجہ ہوا اور وہ دھواں تھا تو اس نے اس سے اور زمین سے فرمایا کہ دونوں آؤ خواہ خوشی سے یا ناخوشی سے۔ انھوں نے کہا کہ ہم خوشی سے آتے ہیں۔

۱۲. پھر دو دن میں سات آسمان بنائے اور ہر آسمان میں اس کے کام کا حکم بھیجا اور ہم نے آسمان دنیا کو چراغوں یعنی ستاروں سے سجایا اور شیطانوں سے محفوظ رکھا۔ یہ زبردست اور خبردار کے مقرر کیئے ہوئے اندازے ہیں۔

۱۳. پھر اگر یہ منہ پھیر لیں تو کہہ دو کہ میں تم کو ایسی چنگھاڑ کے عذاب سے آگاہ کرتا ہوں جیسے عاد اور ثمود پر چنگھاڑ کا عذاب آیا تھا۔

۱۴۔ جب ان کے پاس پیغمبر ان کے آگے اور پیچھے سے آئے کہ اللہ کے سوا کسی کی عبادت نہ کرو تو کہنے لگے کہ اگر ہمارا رب چاہتا تو فرشتے اتار دیتا، سو جو تم دے کر بھیجے گئے ہو ہم اس کو نہیں مانتے۔

۱۵۔ جو عاد تھے وہ ناحق ملک میں غرور کرنے لگے اور کہنے لگے کہ ہم سے بڑھ کر قوت میں کون ہے؟ کیا انہوں نے نہیں دیکھا کہ اللہ جس نے ان کو پیدا کیا وہ ان سے قوت میں بہت بڑھ کر ہے اور وہ ہماری آیتوں سے انکار کرتے رہے۔

۱۶۔ تو ہم نے بھی ان پر نحوست کے دنوں میں زور کی ہوا چلائی تاکہ ان کو دنیا کی زندگی میں ذلت کے عذاب کا مزہ چکھائیں اور آخرت کا عذاب تو بہت ہی ذلیل کرنے والا ہے اور اس روز ان کو مدد بھی نہ ملے گی۔

۱۷۔ اور ثمود کو ہم نے سیدھا راستہ دکھا دیا تھا مگر انہوں نے ہدایت کے مقابلے میں اندھا رہنا پسند کیا تو ان کے اعمال کی سزا میں کڑک نے ان کو آ پکڑا اور وہ ذلت کا عذاب تھا۔

۱۸۔ اور جو ایمان لائے اور پرہیزگاری کرتے رہے ان کو ہم نے بچا لیا۔

۱۹۔ اور جس دن اللہ کے دشمن دوزخ کی طرف چلائے جائیں گے تو ترتیب وار کر لیے جائیں گے۔

۲۰۔ یہاں تک کہ جب ان کے پاس پہنچ جائیں گے تو ان کے کان، آنکھیں چمڑے اور دوسرے اعضاء ان کے خلاف ان کے اعمال کی شہادت دیں گے۔

۲۱. اور وہ اپنے چمڑوں یعنی اعضاء سے کہیں گے کہ تم نے ہمارے خلاف کیوں شہادت دی؟ وہ کہیں گے کہ جس اللہ نے سب چیزوں کو بولنے کی طاقت دی ہے اسی نے ہم کو بھی بولنے کی طاقت دی ہے۔ اور اسی نے تم کو پہلی بار پیدا کیا تھا اور اسی کی طرف تم کو لوٹ کر جانا ہے۔

۲۲. اور تم اس بات کے خوف سے پردہ نہ کرتے تھے کہ تمہارے کان، آنکھیں اور چمڑے تمہارے خلاف شہادت دیں گے بلکہ تم یہ خیال کرتے تھے کہ اللہ کو تمہارے بہت سے عملوں کی خبر ہی نہیں۔

۲۳. اور اسی خیال نے جو تم اپنے رب کے بارے میں رکھتے تھے تم کو ہلاک کر دیا اور تم خسارہ پانے والوں میں ہو گئے۔

۲۴. اب اگر یہ صبر کریں گے تو بھی ان کا ٹھکانا دوزخ ہی ہے اور اگر توبہ کریں گے تو ان کی توبہ قبول نہیں کی جائے گی۔

۲۵. اور ہم نے شیطانوں کو ان کا ہم نشین کر دیا تھا تو انہوں نے ان کے اگلے اور پچھلے اعمال ان کو عمدہ کر دکھائے اور جنات اور انسانوں کی جماعتیں جو ان سے پہلے گزر چکیں ان پر بھی اللہ کے عذاب کا وعدہ پورا ہو گیا بیشک یہ نقصان اٹھانے والے ہیں۔

۲۶. اور کافر کہنے لگے کہ اس قرآن کو سنا ہی نہ کرو اور جب پڑھنے لگیں تو شور مچا دیا کرو تاکہ تم غالب رہو۔

۲۷. سو ہم بھی کفار کو سخت عذاب کے مزے چکھائیں گے اور ان کے برے اعمال کی جو وہ کرتے تھے سزا دیں گے۔

۲۸. یہ اللہ کے دشمنوں کا بدلہ ہے۔ یعنی دوزخ، ان کے لیے اسی میں ہمیشہ کا گھر ہے، یہ اس کی سزا ہے کہ ہماری آیتوں سے انکار کرتے تھے۔

۲۹. اور کافر کہیں گے کہ اے ہمارے رب جنوں اور انسانوں میں سے جن لوگوں نے ہمیں گمراہ کیا تھا ان کو ہمیں دکھا دے کہ ہم ان کو اپنے پاؤں تلے روند ڈالیں تاکہ وہ خوب ذلیل ہوں۔

۳۰. جن لوگوں نے کہا کہ ہمارا رب اللہ ہے پھر وہ اس پر قائم رہے ان پر فرشتے اتریں گے اور کہیں گے کہ نہ خوف کرو اور نہ غمناک ہو اور بہشت کی جس کا تم سے وعدہ کیا جاتا ہے خوشی مناؤ۔

۳۱. ہم دنیا کی زندگی میں بھی تمہارے دوست تھے اور آخرت میں بھی تمہارے دوست ہیں، اور وہاں جس چیز کو تمہارا دل چاہے گا تم کو ملے گی اور جو چیز طلب کرو گے تمہارے لئے موجود ہو گی۔

۳۲. یہ بخشنے والے مہربان کی طرف سے مہمانی ہے۔

۳۳. اور اس شخص سے اچھا کون ہو سکتا ہے جو اللہ کی طرف بلائے اور نیک عمل کرے اور کہے کہ میں مسلمان ہوں۔

۳۴. بھلائی اور برائی برابر نہیں ہو سکتی تو سخت کلامی کا ایسے طریق سے جواب دو جو بہت اچھا ہو۔ ایسا کرنے سے تم دیکھو گے کہ جس میں اور تم میں دشمنی تھی وہ تمہارا گرم جوش دوست بن جائے گا

۳۵. اور یہ بات ان ہی لوگوں کو حاصل ہوتی ہے جو برداشت کرنے والے ہیں۔ اور ان ہی کو نصیب ہوتی ہے جو بڑے نصیب والے ہوتے ہیں۔

۳۶. اور اگر تمہیں شیطان کی طرف سے کوئی وسوسہ پیدا ہو تو اللہ کی پناہ مانگ لیا کرو بیشک وہ سنتا جانتا ہے۔

۳۷. رات اور دن، سورج اور چاند اس کی نشانیوں میں سے ہیں۔ تو لوگو! نہ سورج کو سجدہ کرو اور نہ چاند کو بلکہ صرف اللہ ہی کو سجدہ کرو جس نے ان چیزوں کو پیدا کیا ہے اگر تم کو اس کی عبادت منظور ہے۔

۳۸. اگر یہ لوگ سرکشی کریں تو اللہ کو بھی ان کی پرواہ نہیں جو فرشتے تمہارے رب کے پاس ہیں وہ رات دن اس کی تسبیح کرتے رہتے ہیں اور کبھی تھکتے ہی نہیں۔

۳۹. اور اے بندے یہ اسی کی قدرت کے نمونے ہیں کہ تو زمین کو دبی ہوئی یعنی خشک دیکھتا ہے۔ جب ہم اس پر پانی برسا دیتے ہیں تو شاداب ہو جاتی اور پھولنے لگتی ہے تو جس نے زمین کو زندہ کیا وہی مردوں کو زندہ کرنے والا ہے۔ بیشک وہ ہر چیز پر قادر ہے۔

۴۰. جو لوگ ہماری آیتوں میں کجراہی کرتے ہیں وہ ہم سے پوشیدہ نہیں ہیں، بھلا جو شخص دوزخ میں ڈالا جائے وہ بہتر ہے یا وہ جو قیامت کے دن امن وامان سے آئے؟ تو خیر جو چاہو سو کرلو۔ جو کچھ تم کرتے ہو وہ اس کو دیکھ رہا ہے۔

۴۱. جن لوگوں نے نصیحت کو نہ مانا جب وہ ان کے پاس آئی اور یہ تو ایک عالی رتبہ کتاب ہے۔

۴۲. اس پر جھوٹ کا دخل نہ آگے سے ہو سکتا ہے نہ پیچھے سے یہ دانا اور خوبیوں والے اللہ کی اتری ہوئی ہے

۴۳. تم سے وہی باتیں کہی جاتی ہیں جو تم سے پہلے اور پیغمبروں سے کہی گئی تھیں۔ بیشک تمہارا رب بخش دینے والا بھی ہے اور عذاب الیم دینے والا بھی ہے۔

۴۴. اور اگر ہم اس قران کو غیر زبان (یعنی عربی کے علاوہ کسی دوسری زبان) میں نازل کرتے تو یہ لوگ کہتے کہ اس کی آیتیں ہماری زبان میں کھول کر بیان کیوں نہیں کی گئیں۔ عجیب بات ہے کہ قرآن تو عجمی اور مخاطب عربی۔ کہہ دو کہ جو ایمان لاتے ہیں ان کے لیے یہ ہدایت اور شفا ہے جو ایمان نہیں لاتے ان کے کانوں میں نقص یعنی بہرا پن ہے اور یہ ان کے حق میں اندھا ہونے کے برابر ہے۔ نقص کی وجہ سے گویا ان کو دور سے آواز دی جاتی ہے۔

۴۵. اور ہم نے موسیٰ کو کتاب دی تو اس میں اختلاف کیا گیا اور اگر تمہارے رب کی طرف سے پہلے سے ایک بات ٹھہر نہ چکی ہوتی تو ان میں فیصلہ کر دیا جاتا۔ اور یہ اس قرآن سے الجھ رہے ہیں۔

۴۶. جو نیک کام کرے گا تو اپنے لیے اور جو برے کرے گا تو ان کا نقصان بھی اسی کو ہوگا۔ اور تمہارا رب بندوں پر ظلم کرنے والا نہیں۔

۴۷. قیامت کے علم کا حوالہ اسی کی طرف دیا جاتا ہے یعنی قیامت کا علم اسی کو ہے۔ اور نہ تو پھل گابھوں سے نکلتے ہیں اور نہ کوئی مادہ حاملہ ہوتی ہے اور نہ پیدا کرتی ہے۔ مگر اس کے علم سے اور جس دن وہ ان کو پکارے گا اور کہے گا کہ میرے شریک کہاں ہیں تو وہ کہیں گے کہ ہم تجھ سے عرض کرتے ہیں کہ ہم میں سے کسی کو ان کی خبر ہی نہیں۔

۴۸. اور جن کو پہلے وہ اللہ کے سوا پکارا کرتے تھے سب ان سے غائب ہو جائیں گے اور وہ یقین کر لیں گے کہ ان کے لیے کوئی خلاصی نہیں۔

۴۹. انسان بھلائی کی دعائیں کرتا کرتا تو تھکتا نہیں اور اگر تکلیف پہنچ جاتی ہے تو ناامید ہو جاتا ہے اور آس توڑ بیٹھتا ہے۔

۵۰. اور اگر تکلیف پہنچنے کے بعد ہم اس کو اپنی رحمت کا مزہ چکھاتے ہیں تو کہتا ہے کہ یہ تو میرا حق تھا اور میں نہیں خیال کرتا کہ قیامت برپا ہو اور اگر قیامت سچ مچ بھی ہو اور میں

اپنے رب کی طرف لوٹایا بھی جاؤں تو میرے لیے اس کے پاس بھی خوشحالی ہے پس کافر جو عمل کیا کرتے ہیں وہ ہم ان کو ضرور جتائیں گے اور ان کو سخت عذاب کا مزہ چکھائیں گے۔

۵۱. اور جب ہم انسان پر کرم کرتے ہیں تو منہ موڑ لیتا ہے اور پہلو پھیر کر چل دیتا ہے اور جب اس کو تکلیف پہنچتی ہے تو لمبی لمبی دعائیں کرنے لگتا ہے

۵۲. کہو کہ بھلا دیکھو تو اگر یہ قرآن اللہ کی طرف سے ہو پھر تم اس سے انکار کرو تو اس سے بڑھ کر کون گمراہ ہے جو حق کی پرلے درجے کی مخالفت میں ہو۔

۵۳. ہم عنقریب ان کو اطراف عالم میں بھی اور خود ان کی ذات میں بھی اپنی نشانیاں دکھائیں گے۔ یہاں تک کہ ان پر ظاہر ہو جائے کہ قرآن حق ہے۔ کیا تم کو یہ کافی نہیں کہ تمہارا رب ہر چیز سے خبردار ہے۔

۵۴. دیکھو یہ اپنے رب کے سامنے حاضر ہونے سے شک میں ہیں۔ سن رکھو کہ وہ ہر چیز پر احاطہ کئے ہوئے ہے۔

***